德育工作与思想教育创新

闫丽华 ◎ 著

北京工业大学出版社

图书在版编目（CIP）数据

德育工作与思想教育创新 ／ 闫丽华著． － 北京：北京
工业大学出版社，2018.12（2021.5 重印）

ISBN 978-7-5639-6507-6

Ⅰ．①德… Ⅱ．①闫… Ⅲ．①高等学校－德育工作－研究

Ⅳ．①G711

中国版本图书馆 CIP 数据核字（2019）第 020586 号

德育工作与思想教育创新

著　　者：闫丽华

责任编辑：郭佩佩

封面设计：晟　熙

出版发行：北京工业大学出版社

　　　　　（北京市朝阳区平乐园 100 号　邮编：100124）

　　　　　010-67391722（传真）　　bgdcbs@sina.com

经销单位：全国各地新华书店

承印单位：三河市明华印务有限公司

开　　本：787 毫米 ×1092 毫米　1/16

印　　张：8.5

字　　数：190 千字

版　　次：2018 年 12 月第 1 版

印　　次：2021 年 5 月第 2 次印刷

标准书号：ISBN 978-7-5639-6507-6

定　　价：46.00 元

前　言

　　学校是知识创新传播和应用的主要基地，也是培育创新精神和创新人才的摇篮。学校教育工作者应当把培养学生的创新能力作为自己的一项主要工作常抓不懈。

　　道德知识是道德能力发展和道德素质提高的基础和前提。高校德育是教育学生"怎样做人"的，即教学生学会做人。学习、掌握科学文化知识只是学生服务社会的一种知识储备手段，而学会做人则是他们的立身之本。因此，我们首先要教育学生掌握一定的道德知识，明确相应的道德规范。

　　道德能力是对道德知识的吸收、消化和发展。高校德育不是简单地传授道德知识、机械地灌输现成的结论，也不是一味地政治性说教，更不是用传统的条条框框去束缚人，而是通过让学生了解和掌握一定的道德知识，来培养学生的道德能力：在面对道德是非时，学会判断；在面对道德困惑时，学会取舍；在面对道德冲突时，学会选择；在与他人交往的过程中，严格要求自己，正确对待他人；发展自己的道德辨析力、选择力和创造力，形成健康、丰富、和谐的精神世界。

　　道德素质是对道德知识和道德能力的深化与升华。所谓道德素质是指人们在一定的先天禀赋基础上经过学习和实践形成的道德知识、道德心理、道德观念与道德能力的总和。通过道德知识的学习和道德能力的发展，那些外在的要求和规范就会逐渐内化为学生自身的一种信念和追求：理解人与自然的可持续发展，关心人类、关心自然、关心其他物种、关心地球，具有全球意识、生态意识和未来意识；理解人与社会的相互依存又相互矛盾的关系，了解古代文明、现代文明和未来文明，以及和平的意义，养成民主、合作的精神和态度；理解人与自身超越的互动关系，了解人的需要和人的全面发展的意义和价值，最终实现个人的自由全面发展。

　　思想政治教育的创新是随着时代的发展而不断变化的。它的创新也直接影响着学校德育工作的开展，两者之间密不可分。本书共六章，从高校思想政治教育基础理论研究入手对高校德育工作的开展及高校思想政治教育创新的变化进行了阐述。

目　录

第一章　高校思想政治教育基础理论研究……………………………………1

　　第一节　高校思想政治教育的内容研究……………………………………1

　　第二节　高校思想政治教育主体性问题研究………………………………5

　　第三节　高校思想政治教育载体研究………………………………………11

　　第四节　高校思想政治教育原则研究………………………………………17

　　第五节　高校思想政治教育创新研究………………………………………22

　　第六节　高校思想政治教育的机制、体系问题研究………………………25

　　第七节　高校思想政治教育的评价研究……………………………………30

第二章　高校思想政治教育工作者研究………………………………………35

　　第一节　辅导员与高校思想政治教育的研究………………………………35

　　第二节　高校思想政治教育队伍建设问题的研究…………………………43

第三章　经济变迁与高校思想政治教育研究…………………………………48

　　第一节　市场经济条件下的高校思想政治教育研究………………………48

　　第二节　全球化背景下的高校思想政治教育研究…………………………54

　　第三节　知识经济时代的高校思想政治教育研究…………………………62

第四章　"互联网+"时代的教育、思想政治教育变革………………………69

　　第一节　什么是"互联网+教育"……………………………………………69

　　第二节　"互联网+"时代的教育变革………………………………………72

　　第三节　"互联网+"时代思想政治教育的变革……………………………80

第五章　"互联网+"时代大学生思想政治教育的学习革命…………………90

　　第一节　学习与学习理论的发展……………………………………………90

　　第二节　"互联网+"时代的学习变革………………………………………97

第三节 "互联网+"时代大学生思想政治学习面临的主要问题 ……………… 104

第四节 优化"互联网+"时代大学生思想政治学习的思考 ……………… 110

第六章 "互联网+"时代高校思想政治理论课的课程变革 …………… 112

第一节 当前高校思想政治理论课面临的挑战 ……………………………… 113

第二节 "互联网+"时代高校思想政治理论课程形态的变化 ……………… 116

第三节 "互联网+"时代思想政治理论课课程设计的原则 ……………… 121

参考文献 ……………………………………………………………………… 128

第一章　高校思想政治教育基础理论研究

高校思想政治教育基础理论研究的对象是高校思想政治教育中的基本要素，本章主要对近十年来高校思想政治教育研究中学者关注的基本理论问题进行评析。主要包括：高校思想政治教育的内容研究；高校思想政治教育主体性问题研究；高校思想政治教育载体研究；高校思想政治教育原则研究；高校思想政治教育创新研究：高校思想政治教育的机制、体系问题研究；高校思想政治教育的评价研究等。

第一节　高校思想政治教育的内容研究

高校思想政治教育的内容研究就是在高校进行哪些方面的思想政治教育。思想政治教育的内容是思想政治教育目标和任务的具体化，科学选择和确定思想政治教育的内容是实现思想政治教育目标与任务的重要环节。近年来，学术界对此进行了初步研究。纵观其研究成果，目前学术界的研究基本上可以分为两类：一类是高校思想政治教育内容的总体论述；另一类是高校思想政治教育内容的具体论述。

一、高校思想政治教育内容的总体论述

关于这个问题，学术界关注的焦点问题是学生思想政治教育的内容创新。此外，学术界还论述了高校思想政治教育的内容包括哪些方面，以及如何构建高校思想政治教育的内容等。

（一）高校思想政治教育的内容创新

对此，学术界主要围绕高校思想政治教育内容为何要创新、创新什么、如何创新等问题展开。关于为何要创新，有学者从当前学生思想政治教育内容存在的问题和学生思想政治教育内容创新的依据等方面进行了说明。姜岩认为当前高校思想政治教育所面临的挑战有：学生个人本位思想严重，学生思想道德素质"滑坡"频发、高校党团组织的思想政治工作弱化。罗广认为，我国大学生思想政治教育内容存在的最突出的问题就是发展滞后。同时，学生思想政治教育内容的说服力和感染力不强也是我国学生思想政治教育内容存在

的一大问题。高校思想政治教育内容创新的理论依据是马克思主义的基本理论，而高校思想政治教育内容创新的实践依据则有国内和国际两个层面。

关于创新什么，即创新的内容是哪些。王亚峰认为，这包括：理想信念教育、爱国主义教育、集体主义教育、开放的国际意识教育、法律与法规意识教育、创新意识教育、团队协作意识教育、公民意识教育、诚信意识教育。李本成等专门分析了高校网络思想政治教育内容的创新，其认为包括：网络思想教育、网络政治教育、网络法制教育、网络伦理教育、网络心理教育、网络国情教育、网络人文科学知识教育、网络素质教育等。梁慧超从诚信教育、心理健康教育和生态文明意识教育等方面论述了高校思想政治教育内容创新的具体方面。

关于如何创新，有学者论述了创新的要求及创新的方法等。罗广提出，学生思想政治教育内容创新的具体要求是：使学生思想政治教育内容贴近社会现实；使学生思想政治教育内容贴近专业要求；使学生思想政治教育内容贴近学生思想实际。王亚峰提出，在全球化背景下，高校思想政治教育既要坚持社会主义的本质要求，又要充实与全球化相适应的新内容。创新的方法方面，蒋宏大提出，一要高扬主旋律，与时俱进地增强马克思主义的说服力和战斗力；二要研究特点、遵循规律，积极开展高校网络思想政治教育，大力提高学生的网络素质。姜岩认为，新时期创新高校思想政治教育内容就要：运用理论与实际相结合的方法进行教学；运用情感感化法进行教学；利用多媒体计算机辅助教学；让大学生走进"社会"，参与社会实践；搞好校园文化建设。汤建提出，创新高校思想政治教育的内容就要：强化信念教育、培养创新精神、进行网络道德法规教育、开展情商教育。

（二）高校思想政治教育的内容

李从浩认为，学生思想政治教育的基本内容是：理想信念教育是高校思想政治教育的核心；马列主义、毛泽东思想、邓小平理论及"三个代表"重要思想是高校思想政治教育的根本；艰苦奋斗教育和民族凝聚力教育是高校思想政治教育的重要内容；爱国主义、集体主义、社会主义教育是高校思想政治教育的灵魂；社会主义民主法制与道德教育是高校思想政治教育的着力点。有学者专门讨论了成人高校思想政治教育的内容。夏立禹认为，成人高校思想政治教育的内容有："三德"教育，即社会公德、职业道德和家庭美德；"五爱"教育，即爱祖国、爱人民、爱运动、爱科学、爱社会主义教育；"三观一旨"教育，即培养学生具有马克思主义科学的世界观、人生观和价值观，树立全心全意为人民服务的宗旨；时事教育。

（三）如何构建高校思想政治教育的内容

关于这个问题，学术界除了论述内容创新之外，还论述了高校思想政治教育内容的其他方面。孙瑞认为高校思想政治教育内容构建的原则有：①方向性原则。包括：强化内容的阶级性，体现内容的先进性。②科学性原则。包括：把握内容的真理性，增强内容的有效性。③系统性原则。包括：确保内容的整体性，突出内容的层次性，注重内容的发展性。④稳定性原则。包括：坚持内容的继承性，把握内容的确定性。⑤针对性原则。包括：适应社会生活实际，反映大学生思想特点。还有学者强调，高校思想政治教育内容应与时俱进，达到这一目的就要进行以下教育：生命意识教育、人权意识教育、独立精神教育、民族精神教育、民主意识教育。

二、高校思想政治教育内容的具体论述

关于这个问题，学术界研究涉及的有：创业教育、社会主义荣辱观教育、创业素质培育、公民教育、理想信念、马克思主义人权观教育、艰苦奋斗教育、法制观念、爱情观教育，以及分年级安排的思想政治教育内容的模块、学生生活园区思想政治教育、校园环境建设的内容、教职工思想政治教育的内容、教育工会思想政治教育的内容等，本书就其中几方面进行论述。

（一）创业教育

有学者专门论述了作为高校思想政治教育内容的创业教育。有学者认为，狭义的创业教育，即教会学生经商、能创办企业的教育；广义的创业教育，是以开发和提高青少年的基本素质为目的，培养具有开创个性的社会主义建设者和接班人的教育，是在普通教育和职业教育基础上进行的，采取渗透与结合的方式在普通教育和职业教育领域实施的，具有独立的教育体系、功能和地位的教育。成双凤认为，创业教育的内涵体现在：第一是创业意识的培育；第二是创业精神的熏陶；第三是创业品质的养成；第四是创业能力的培养。赵春华认为，创业教育成为高校思想政治教育内容的客观必然性在于：创业教育是知识经济时代实现高校思想政治教育社会价值的需要；是知识经济时代实现高校思想政治教育个体价值的需要；是实现高校思想政治教育未来发展任务的必然要求。成双凤则从我国创业教育的现状及问题方面论述了创业教育的必要性：其一，观念上认识不清；其二，实践中没有形成有机的系统；其三，影响范围过小。关于创业教育与高校思想政治教育的关系，赵春华认为，二者的区别在于：创业教育以创业教育规律为研究对象，以提高学生的创业能力和创业素质为目标。高校思想政治教育则以思想政治和道德等意识形态教育为主，研究学生的思想品德活动规律、思想政治教育规律，以学生思想品德的提升和主体性的培养为根本目的。关于二者的联系，成双凤认为二者有着不可分割的联系，主要表现在：二者的教育目标有一致之处，教育方式都趋向于多样化。成双凤还论述了高校思想政治教育提升学生创业素质应遵循的基本原则：实事求是原则、主体性原则、渗透性原则、示范性原则。而高校思想政治教育提升学生创业素质的主要思路是：首先，完善创业课程系统的建构，提倡"通识教育"；其次，加强教师队伍的建设，将创业教育的绩效纳入考核范围；最后，打造校园文化环境，创造浓厚的创业文化氛围。

（二）社会主义荣辱观教育

有学者论述了把社会主义荣辱观教育作为高校思想政治工作的重要性，认为弘扬社会主义荣辱观、加强高校宣传思想工作的重要性在于：第一，高校巩固马克思主义在意识领域的一元化指导地位需要大力提倡社会主义荣辱观；第二，树立学生正确的世界观、人生观、价值观需要社会主义荣辱观作指导；第三，加强高校师德建设需要融入社会主义荣辱观；第四，高校精神文明建设需要落实社会主义荣辱观。而以社会主义荣辱观引领高校宣传思想工作的途径在于：第一，为广大师生树立社会主义荣辱观营造良好的舆论氛围；第二，将社会主义荣辱观打造为构建和谐校园的伦理基石。

（三）艰苦奋斗教育

有学者专门论述了艰苦奋斗教育仍应成为高校思想政治工作的重要内容。关于如何在高校中开展艰苦奋斗的教育，郭大勇认为其途径主要有：第一，应把艰苦奋斗教育同爱国主义教育、人生观教育一样作为德育课一项重要内容来讲，把勤俭节约作为学生的基本道德要求对他们进行教育，使学生认清艰苦奋斗对其成才的重要意义，不断提高他们继承和发扬艰苦奋斗优良传统的自觉性；第二，用雷锋"节省每一个铜板，为了革命和建设"的精神，以及铁人精神，北大荒精神激励、教育今天的学生，使他们能够清醒地认识到21世纪的学生，要真正成为社会主义事业的建设者和接班人，决不能贪图享受，寻求安逸；第三，用发达国家的节俭例子教育学生；第四，班主任、辅导员在学生的日常管理中，对学生的消费应给以指导；第五，可以经常开展一些以艰苦奋斗、勤俭节约为目的的活动；第六，利用社会实践，深入贫困地区，使学生了解国情，接触农民的生活和劳动，并亲身体验"锄禾日当午，汗滴禾下土"的艰辛，促使他们对照、反省自己，通过对比，让学生感到倒掉的不是剩菜剩饭，而是农民的血汗，使他们懂得收获来之不易，认识到艰苦朴素、勤俭节约的作风不能丢，并自觉地调整自己的不良行为，增强自我管理、自我约束能力；第七，高校的领导、教师要带头艰苦朴素。

（四）马克思主义人权观教育

李晓明提出，马克思主义人权观教育是高校思想政治教育中不容忽视的内容，其认为，高校马克思主义人权观教育的基本内容应包括以下几方面：要用马克思列宁主义、毛泽东思想、邓小平理论中的人权理论和人权观念武装学生的头脑，努力培养中国特色社会主义的人权观念和人权意识；区分社会主义人权与资产阶级所宣扬的人权的本质差别与相互关系；了解国际人权保护和国家主权的关系；介绍中国人权保障的相关法律、法规；政府在人权保障方面的功能、作用和义务；了解中国共产党为争取中国人民的基本人权而进行的艰苦斗争历程，新中国成立以来我国在人权领域取得的巨大成就；进行正确的权利与义务关系教育，以及介绍我们在推进社会主义人权事业中的不足和今后应加强努力的方向。而高校马克思主义人权观教育的基本方法和途径是：第一，进行人权观教育要注重理论联系实际；第二，在教育过程中，要循序渐进，因材施教；第三，要克服急于求成的思想倾向。为提高教育效果，要搞好三个结合：一要把马克思主义人权观教育与法治教育结合起来；二要把马克思主义人权观教育与公民道德建设结合起来；三要把整合各类教育和研究资源与疏通教育渠道结合起来。

（五）公民教育

减宏认为，公民教育是高校思想政治教育创新的重要内容，其原因在于：从社会变革的维度看，公民教育有助于健全自律的公民社会的逐渐生成，保证公民对社会制度的认同从而促进社会政治目标的实现；从经济转型的维度看，公民教育有助于社会主义市场经济的良性发展，保障公平竞争规则的有效建构进而实现社会资源的优化配置；从社会发展的维度看，公民教育有助于社会主义政治文明的有序建构，保障社会主义法治国家目标的逐步实现；从教育发展的维度看，公民教育有助于思想政治教育的方向定位，促进社会成员共享教育资源进而实现教育资源政治上的公平分配。

（六）学生生活园区思想政治教育

有学者论述了高校学生生活园区思想政治教育内容，也有学者强调高校应始终把理想信念教育作为学生思想政治工作的核心内容。海克军认为学生生活园区思想政治教育的主要内容是：一要以学生成长、成才教育为核心，加强学生人生观、世界观、价值观的养成教育；二要以社会公德教育为基础，加强学生优良道德品质的教育；三要以建设学习型园区为龙头，营造学生求才好学的氛围；四要以"三自教育"为手段，培养学生责任意识和文明的生活习惯；五要以团队意识和合作精神培养为导向，培育学生的集体主义精神；六要以心理健康教育为依托，培养学生健全的人格心理；七要以法规校纪教育为内容，培养学生遵纪守法的意识。

第二节　高校思想政治教育主体性问题研究

关于人的主体性问题的研究，反映了现代人类对自身的本质力量、价值及发展前途的认识和关注，也是随着人类文明的进步和人类在各个实践领域中主体力量的提高而产生的人类对自身存在状态的一种反思。与此同时，我国教育理论界也紧跟时代潮流，针对现实教育中存在的弊端，呼吁教育应注重培育和提高学生的主体性，承认和尊重学生的主体地位和主体人格，使他们在掌握人类优秀文化的基础上学会学习、学会创造，从而促进人类社会的发展与进步。随着社会的发展，人的主体性意识越来越强。于是在哲学术界，有不少学者开始探讨主体性问题，同时教育学术界也开始引入主体性概念，提出并开始探讨主体性教育问题。高校主体性思想政治理论教育思想的提出既是哲学和教育学关于主体性讨论的延伸，同时也是高校思想政治理论课对现代社会发展的理论回应。因此，近年来学术界开始探讨高校思想政治教育中的主体性问题，探讨的焦点主要有：高校思想政治教育主体性的一般理论问题；将主体性教育理念引入高校思想政治教育；大学生主体性思想政治教育问题；主体性教育与大学生思想政治教育。

一、高校思想政治教育主体性的一般理论

关于这个问题，学术界主要是围绕相关概念讨论到底谁是高校思想政治教育中的主体。

（一）高校思想政治教育中的学生主体性

刘合行认为，在高校思想政治教育过程中，实施主体性教育，是从高校思想政治教育的特殊性出发，根据高校思想政治教育的目标，通过启发引导学生内在的教育需求，营造和谐、民主、活泼的教育环境，有针对性、有计划地规范、组织各种活动，调动和发挥学生的自主性、自觉性、能动性和创造性，使他们树立科学的世界观、人生观和价值观，形成正确的政治思想和高尚的道德品质，从而成为合格的社会主义建设者和接班人的教育实践活动。它有如下四个方面的特征：以学生主体性的发挥为中心的教育目标、民主的教育环境、生动活泼的教育实践活动、学生能动的学习过程。关于高校思想政治教育中学生主体性的含义，尹建平认为，作为高校思想政治教育活动主体的学生为达到自我目的，而在对象性活动中表现出来的把握、改造、规范、支配客体和表现自身的能动性。何晓东认为，高校思想政治教育中学生主体性的内涵是指在教育活动中作为主体的学生在教师引导下处理同外部世界关系时所表现出来的功能特征。具体特征表现为自主性、能动性、创造性、受制性等。学术界的研究可见，多数学者认为，高校思想政治教育中的主体性实际上就是学生的主体性。

（二）高校思想政治教育中的教师主体性

当然也有学者提出，高校思想政治教育要重视教师主体性。胡惠庆认为，作为教学活动的主体，教师和学生主体性的表现是不同的。教师的主体性主要表现为教师根据自己的教学，仔细研究学生不同的个性特点和认知特点，对教学进行选择和优化设计，有艺术性、有创造性地从事课程的开发和教学的管理，进而实现个性化和艺术化的教学，并在这个过程中体会和实现自身的个体价值。学生的主体性则是通过他们参加课内外活动的主动性、积极性体现的，主要表现在课堂上积极思索，敢于质疑，在课外活动中非常活跃，勇于实践。从理论角度讲，教师主体性和学生主体性不在同一层次上，教师主体性先于思想政治教育过程而获得，具有自我规定性；而学生主体性主要是在教学过程中受教师的影响逐渐确立的，这种主体性的发展直接处于教师的引导之下，即意料之中。从这个意义上讲，教师主体性的弘扬是学生主体性的生成和发扬的前提条件，或者说是必要的基础。从实践角

度讲，现在的学生，虽然获得和掌握各种信息的途径比较广泛，但从学生的思想基点、社会阅历和理论基础来看，尚不具备深刻理解科学和系统理论的条件，也不能仅仅依靠自己的学习和思考来解决正确的世界观、人生观和价值观的问题。因此，在高校思想政治教育中，我们一定要注重弘扬教师的主体性。弘扬教师主体性的现实意义有：有利于高校思想政治教师自身素质的全面提升；有利于高校思想政治教育向学科化方向的深入发展；有利于增强高校思想政治教育的实效性。

（三）高校思想政治教育中的双主体性

还有学者批判了教师中心论和学生中心论。刘暗宇和温一军认为，教师中心论虽然有利于学生获得较稳定的系统知识，但它忽视了学生的主动性，使学生的认识仅停留于服从阶段，严重阻碍了其认知由认同到内化的过渡，不能达到真正意义上的思想政治教育的效果。而学生中心论，对发挥学生的自我选择和评价能力有利，但夸大了学生主体的自主意识，否认了教师的"亲其师，信其道"在学生中的导向作用，不利于教育方向的保证。因此，他们提出，在高校思想政治教育的理论教育阶段，教师处于主体地位，学生处于受教育的相对客体地位，这是矛盾的主要方面；而在高校思想政治教育的学生自我教育阶段，学生就转而变成自我教育的主体，而教师和高校思想政治教育内容则变成学生认知的客体了。因而高校思想政治教育要获实效，必须善于把握多阶段的主体，抓住主体特征，充分发挥主体的主动性。王玉珍认为，所谓主体性思想政治教育，就是教师主体根据社会要求和学生身心发展规律，有目的、有计划地引导、激发学生主体的能动性、自主性和创造性，通过教师和学生双方的平等交流等形式，促进教师现有思想品德品质的完善和发展，把学生培养成为具有社会主体意识的人的教育活动。在这一思想政治教育过程中，其核心是教师和学生的主体性均得到充分的发挥。

此外，还有学者探讨了高校思想政治教育的主体性原则问题。昌灯圣专门论述了如何坚持这一原则问题：尊重学生在现代高校思想政治教育中的主体地位，注重发挥教师在现代高校思想政治教育中的主导作用，重视学生主体性的发挥和培育。

二、将主体性教育理念引入高校思想政治教育

关于这一问题，有学者分析了我国高校思想政治教育实施主体性教育的可行性，其认为社会主义价值体系的建设目标决定了高校思想政治教育必须实施主体性教育；社会主义市场经济的健康发展必然要求实施主体性教育；主体性教育是高校人才培养适应社会信息化和经济全球化发展的必然要求；主体性教育是尊重思想道德建设规律的必然要求。学术界主要探讨的还是如何将这一理念引入高校思想政治教育的问题。史瑜认为，高校思想政治教育介入主体性教育理念，就要把培养学生主体性纳入高校思想政治教育目标任务中，在高校思想政治教育过程中确定学生的主体地位，在高校思想政治教育的方法上应以主体

性活动为主。在介入的过程中要注意处理好两个关系：在高校思想政治教育原则上要处理好"灌输原则"与"自由选择原则"的关系；在教育关系上处理好教师与学生的关系。刘素杰和盖海萍提出其主要对策包括两个方面：首先，应侧重于主体性理念教育。它主要解决学生的学习定位、学习动机和自觉学习的状态调节问题，如主体意识教育、竞争意识教育、合作意识教育、诚信与法制意识教育。其次，构建高校主体性教育体系。这包括：制订科学合理的教学计划，充分发挥课堂教学在学生思想道德建设中的主渠道作用；合理规划，积极引导，丰富学生社团活动；发挥高校专业优势，积极开展社会实践活动；结合高校发展的历史与现实，精心设计，合理布局，加强校园文化环境建设。张波提出，树立高校思想政治教育学生主体观念，就要确立高校思想政治教育的平等观念，培养学生的主体意识，形成教育过程中的互动思维。

三、大学生主体性思想政治教育问题

关于这个问题，学术界讨论的问题主要有：主体性思想政治教育的内涵和内容，开展主体性思想政治教育的必要性，以及如何开展主体性思想政治教育等。

（一）主体性思想政治教育的内涵和内容

尹建平认为，主体性思想政治教育的内容是：加强心理疏导、培养大学生的主体意识、尊重大学生的主体地位、培养发展大学生的主体能力、在实践中塑造大学生的主体人格。谢文平和陆书建认为，将大学生作为能动的、自主的、独立的个体，通过启发、引导其内在的思想政治需求，培育他们的主体性——主体意识、自主能力、创造才能，以促进他们自由而全面的发展。其内涵大致可以体现在以下几个方面：其一，工作目标——促进大学生全面发展；其二，价值追求——个体价值和社会价值的和谐统一；其三，工作原则——充分尊重大学生的主体性；其四，工作方法——说服教育、示范引导和提供服务。

（二）开展主体性思想政治教育的必要性

对于这一问题，有学者是直接论述的，有学者则是通过论述其客观存在性来说明的，还有学者是通过揭示其价值和意义来论述的。尹建平提出，高校思想政治教育中大学生主体性的客观存在体现在：作为思想教育的终极实体，大学生是具有主体性或潜在主体性的人；高校思想政治教育的最终目的是发展未成形主体的主体性；教师能量转换离不开大学生主体性发挥这一重要环节；思想教育主客关系呈现互动性。欧盛端认为，高校主体性德育具有当代意义的现实价值：高校构建主体性德育是适应时代发展的必然需要，是大学生成才的现实需要，是提高德育实效性、针对性和主动性的需要，是人的全面发展的需要，是应对网络挑战的需要。王玉珍论述了构建高校主体思想政治教育模式的基础在于：其一，理论基础是高校思想政治教育的本质要求，也是人本质发展的必然要求；其二，现实依据是现代社会发展的迫切要求、时代发展的要求、当代大学生新变化的要求、提高思想政治教育实效性的要求、世界教育改革的趋势。张圣兵认为，主体性教育是我国高校思想政治教育的必然选择，这体现在：其一，我国社会主义事业建设的基本目标决定了高校思想政治教育必须实施主体性教育；其二，社会主义市场经济的健康发展必然要求实施主体性教育；其三，主体性教育是高校人才培养适应社会信息化和经济全球的必然要求；其四，主体性教育是尊重思想道德建设规律的必然要求。还有学者从大学生身心发展的特点方面分析，认为大学生身心发展的特点要求高校实施主体性思想政治教育。

（三）如何开展主体性思想政治教育

尹建平提出了主体性思想政治教育应遵循的原则：以人为本的原则、开放性原则、科学性原则、启发性原则、主体实践原则、有效激励原则。刘金等探讨了如何实施有利于大学生健康心理形成的主体性思想政治理论教育，其认为在主体性思想政治理论教育的实施过程中，相当重要的就是建立指向主体的课堂情境。这种指向主体的课堂情境还意味着尊重学生的个体差异性，即学生个性的发展。这种指向主体的课堂情境更意味着在思想政治教育活动中，教师和学生都是具有主体性的人。此外还有学者探讨了如何构建高校主体性思想政治教育模式。王玉珍认为，主体性思想政治教育目标应包含以下内容：尊重学生的主体地位；培养学生的主体意识；发展学生的主体能力；塑造学生的主体人格。而构建高校主体性思想政治教育模式的原则是：以人为本原则、整体性原则、科学性原则、实效性原则。构建高校主体性思想政治教育模式的具体要求是：更新教育观念、拓展思想政治教育新途径、开发思想政治教育新载体、做好特殊群体的思想政治教育工作、建立良好的保障体系。谢文平和陆书建认为要实现从客体性思想政治教育向主体性思想政治教育的转变，就要坚持以人为本，全面落实主体性思想政治教育，还必须贴近大学生的学习实际、贴近大学生的生活实际、贴近大学生的交往实际、贴近大学生的心理和情感实际。张波认为，构建高校主体性思想政治教育模式就要：科学确立思想政治教育目标，实现高校思想政治教育方法的不断创新，调适和完善高校思想政治教育内容，整合思想政治教育过程。

四、主体性教育与大学生思想政治教育

总的来说，学术界基本上都认为主体性教育与大学生思想政治教育是新时期高校思想政治教育工作的两个重要方面，两者相辅相成，缺一不可，在实践中必须将两者有机统一起来。关于这个问题，学术界集中讨论的有：主体性教育在大学生思想政治教育中的地位、作用，如何以主体性教育促进大学生思想政治教育，以及高校思想政治教育中培育大学生主体性的问题等。

（一）主体性教育在大学生思想政治教育中的地位、作用

刘合行认为，实施主体性教育是高校思想政治教育改革的目标模式。高校思想政治教育把实施主体性教育作为改革的重要目标是适应时代发展，切实增强高校思想政治教育的实效性，实现高等教育培养"合格的社会主义建设者和接班人"这一根本任务的迫切需要。具体来说：是提高高校思想政治教育实效性的关键；是加强素质教育和创新精神培养的迫切需要；是促进大学生个性充分发挥和实现自身价值的需要。要实施主体性教育，高校思想政治教育就要调整教育目标，进行教育内容、方法、手段等方面的改进，实现教育过程中大学生"知、情、意、行"的统一，使大学生的主体性得到充分发挥。确立以发挥大学生主体性为中心的思想政治教育目标，从社会发展需要和大学生自身需要的结合上确立高校思想政治教育的内容，组织以平等、民主、启发、参与为原则的主体性教育过程，开展以大学生为主体的教育实践活动。尹建平认为，高校思想政治教育中大学生主体性的重要作用表现在：大学生主体性的发挥是高校思想政治教育实践活动的基础；大学生主体性的发挥可以增强高校思想政治教育的实效。这体现在：有利于高校思想政治教育过程双向沟通交流的实现；有利于高校思想政治教育针对性的增强；有利于高校思想政治教育实效性的提高。侯明志提出，大学生主体性在高校学生思想政治教育中的积极作用包括：为高校思想政治教育过程注入双向沟通交流的活力；丰富高校思想政治教育的资料信息，优化高校思想政治教育方法；贴近大学生思想和实际，增强高校思想政治教育的针对性；促进大学生自主自觉的内化，提高高校思想政治教育的实效。

（二）如何以主体性教育促进大学生思想政治教育

张圣兵认为，应构建高校主体性教育体系，以推进大学生思想政治教育主体性教育。因此首先应侧重于主体性意识教育，它主要解决大学生的学习定位、学习动机和自觉学习的状态调节问题，其内容主要包括以下几个方面：主体意识教育、竞争意识教育、合作意识教育、诚信与法制意识。在确立了相应教育理念的基础上，主体性教育的实施更多的要依赖教育方式的转变和完善，它必须在尊重大学生主体地位的前提下，注重多种途径的密切结合，争取多管齐下，务求实效。这就需要制订科学合理的教学计划，充分发挥课堂教学在大学生思想道德建设中的主渠道作用；合理规划，积极引导，丰富大学生社团活动；发挥高校专业优势，积极开展社会实践活动；结合高校发展的历史与现实，精心设计，合理布局，加强校园文化环境建设。

张惠琴提出，高校思想政治教育必须尊重人的本性，从培养大学生的主体性出发，在教师与大学生的相互作用中通过大学生自身的建构形成社会所需要的世界观、人生观和价值观。为此，必须在高校思想政治教育的内容、方法和途径上实行全面创新。其一，内容创新。坚持以人为本的主体性教育，促进人的全面发展，在高校思想政治教育的内容上要适应社会发展与时代的要求，从当今社会生活的实际状况和人们的实际需求出发，不断摒

弃那些与时代需要和人们的需求相冲突的陈旧内容，勇于超越现实，不断补充时代所需的新鲜血液。其二，方法创新。在教育方法上，必须确立大学生自主选择与适度灌输相结合的原则，外在教育与大学生自我教育相结合的方法，由原来的单向灌输型向双向交流型转变，在交流互动中充分调动大学生的主观能动性，达到改造其主观世界的目的。其三，途径创新。要使思想政治教育工作真正取得实效，必须在教育途径上贴近大学生生活，把认知教育与大学生的生活实践相结合。耿步健认为，必须将引导大学生进行自主性教育作为目前高校思想政治教育的一个重要内容；马克思主义关于促进人的全面发展的学说，使高校思想政治教育必须将大学生主体性教育作为其重要内容的思想基础；我国改革开放和社会的发展进步，使高校思想政治教育必须将大学生主体性教育作为其重要内容的现实基础。

（三）高校思想政治教育中培育大学生主体性的问题

侯明志提出，高校思想政治教育充分发挥大学生主体性的对策是：树立注重大学生主体性的现代教育理念，完善培养和发挥大学生主体性的教育工作机制，积极为培养和发展大学生主体性创造条件，改进教育活动中发展大学生主体性的方法手段。尹建平认为，进一步发挥高校思想政治教育中大学生主体性的对策有：更新教育观念，确立大学生主体地位；弘扬教师的主导精神；增强大学生自主性和主动性，强化自我教育功能；转变思想政治教育教学评价机制；实施主体性思想政治教育；加强高校思想政治教育工作队伍建设。何晓东提出：加强心理疏导；培养大学生的主体能力；在实践中塑造大学生的主体地位；培养发展大学生的主体能力；在实践中塑造大学生的主体人格。在高校思想政治教育中，对大学生主体性的培育要注意的几个问题是：在教育内容的选择中要尊重学生的自主性；在教育方法的选择上要尊重学生的创造性，积极开展社会实践活动，强化学生的主体性。张波提出的对策是：发挥教育者的主体性；树立高校思想政治教育大学生主体性发展理念；注重高校思想政治教育管理中大学生主体性发展；需要树立"以人为本"的高校思想政治教育管理理念；发挥大学生在高校思想政治教育管理中的主体性作用；优化高校思想政治教育环境。

第三节　高校思想政治教育载体研究

大学生思想政治教育工作的形式和手段很多，其中能够传承并传递大学生思想政治教育工作内容信息的形式称为大学生思想政治教育工作载体。载体在信息的传播中起着非常重要的作用。同样，大学生思想政治教育工作载体在大学生思想政治教育工作中也起着传递信息，影响大学生思想行为的重要作用。大学生思想政治教育工作以宣传、鼓励并最终影响大学生的思想和行为为目标。高校思想政治教育工作的载体在其中发挥着激励和规范作用，即高校思想政治教育工作的内容通过教育、管理和组织措施等载体，调动大学生的自觉性、积极性和创造力。因此，近年来学术界开展了关于高校思想政治教育载体的研究。综观整个研究成果，主要集中于两个方面：一是高校思想政治教育载体的总体论述；二是高校思想政治教育载体的具体论述。

一、高校思想政治教育载体的总体论述

目前对这类研究学术界主要研究的是：高校思想政治教育载体的创新，高校思想政治教育载体的建设，以及如何有效利用各种载体搞好高校思想政治教育。

（一）高校思想政治教育载体的创新

就这个问题而言，学术界关注的主要是：为何要进行高校思想政治教育载体的创新；高校思想政治教育载体在哪些方面进行创新，即创新的内容有哪些，如何创新等。关于高校思想政治教育载体在哪些方面进行创新，学术界比较一致的看法是要在校园文化、课堂教学、社团活动、学生公寓、互联网络等方面进行高校思想政治教育载体创新。张志华认为，课程教学是大学生思想政治教育的新型渠道；社团活动是大学生思想政治教育的有效阵地；学生公寓是大学生思想政治教育的必然延伸；互联网络是大学生思想政治教育的重要载体。关于为何要进行高校思想政治教育载体的创新，有学者从多元文化的挑战方面进行了论述，其认为多元文化给思想政治教育带来的挑战有给大学生的思想带来了深刻影响；使大学生思想政治教育更具复杂性。汪娆和黄军华提出，进行高校思想政治教育载体创新要做到：加强校园网络建设，发挥网络思想政治教育优势；建设体现时代特征，反映学校特点的校园文化；加强课堂教学主渠道建设，发挥各类课程的育人合力；充分利用有益的社会资源，形成全社会思想政治教育网络。王毅提出了多元文化背景下高校思想政治教育载体创新中，应把握的原则有目的性原则、实践性原则、相容性原则、合作性原则、层次性原则。

（二）高校思想政治教育载体的建设

学术界讨论了为何要进行高校思想政治教育载体建设，建设哪些高校思想政治教育载体，以及如何建设载体，同时也有学者论述了如何选择高校思想政治教育载体的问题。

郜火星认为，重视高校思想政治教育载体建设是加强和改进大学生思想政治教育的必然要求；重视高校思想政治教育载体建设是大学生思想政治教育顺利开展的必然要求；重视高校思想政治教育载体建设是扩大大学生思想政治教育覆盖面的必然要求；重视高校思想政治教育载体建设是增强大学生思想政治教育针对性和有效性的必然要求。关于建设哪些高校思想政治教育载体的问题，周幼萍和蓝光喜提出主要有：课堂教学载体、管理载体、活动载体、网络载体、谈话（心）载体。

有学者重点讨论了如何选择高校思想政治教育载体的问题。郜火星认为，选择高校思想政治教育载体就要：高度重视网络载体建设，不断挖掘网络的思想政治教育功能；坚持教育与管理相结合，充分发挥高校思想政治教育载体的作用；积极创造高校思想政治教育活动载体；大力加强社团载体建设。周幼萍和蓝光喜提出，高校思想政治教育载体选择的基本要求是：选择高校思想政治教育载体开展大学生思想政治教育，应在生产力和科学技术水平的社会大背景下，充分考虑高校思想政治教育的目标、任务、内容等要素，遵循大学生身心活动规律和大学生思想政治教育特点。这需要把握以下原则：目的性原则、实践性原则、相关性原则、新颖性原则。

有学者围绕高校思想政治教育载体的内容论述了如何对其进行建设。王朋瑾和徐光君认为，进行高校思想政治教育载体建设主要包括：其一，以寝室文化建设为载体。大学生寝室文化建设是提高大学生思想政治教育和素质教育的有效途径；良好寝室风气的形成是寝室文化建设的基础。其二，以校园文化建设为载体。坚持以人为本的目标，全面提高大学生思想道德素质；深入开展优良校风建设；积极扶持和开展大学生科技活动，鼓励大学生参加科技发明、科技创新及社会服务；积极引导形式多样的校园文化活动，营造宽松活跃、健康向上的校园文化氛围；积极开拓校园文化的新载体。其三，以社团组织建设为载体。其四，以社会实践为载体。将社会实践纳入教学环节中，全面提高大学生的综合素质；将社会实践贯穿于思想素质教育的始终，切实提高大学生的实践能力；紧密结合专业知识进行社会实践活动，努力培养高素质的专门人才。其五，以政治辅导导员队伍建设为载体。坚持深入的理论学习是使高校政治辅导员队伍拥有持久战斗力的有力保障；坚持经常性的业务交流是拓展政治辅导员工作思路、提高解决实际问题的能力和增长工作才干的有效措施；坚持深入调查研究是增强政治辅导员工作主动性的必要手段；坚持不断创新工作方法是政治辅导员工作顺利开展的有效途径。

（三）如何有效利用各种载体搞好高校思想政治教育

学术界对此问题主要还是围绕高校思想政治教育载体的内容展开的，即对方法、途径、思路等对策进行研究的。蒙焱雄论述了要通过学生社团来搞好高校思想政治教育问题。赵立凝认为，要有效利用各种载体搞好高校思想政治教育就要：其一，以班级建设为载体。营造大学生自我管理的氛围，发挥自我管理的作用；营造大学生健康发展的环境，形成良好发展氛围。其二，以校园文化建设为载体。其三，以网络为载体。其四，以人格教育为载体。其五，以资助体系为载体。

二、高校思想政治教育载体的具体论述

对于这类研究，学术界目前重点关注的是高校思想政治教育的文化载体和高校思想政治教育的网络载体研究，同时学术界还涉及了感恩教育、谈话、职业生涯规划、青年志愿

者行动，以及国防教育、寝室、创新能力培训、校园媒体等载体的研究。

（一）高校思想政治教育的文化载体

关于这个问题，学者讨论的主要问题有：校园文化载体的内涵、内容、特征、功能；校园文化载体的意义与功能；校园文化载体建设存在的问题；构建校园文化载体促进高校思想政治教育的对策。

1. 校园文化载体的内涵、内容、特征、功能

杨威认为，大学生思想政治教育的文化载体从广义上说包括校外的文化事业载体和校内的校园文化载体。校外的文化事业载体是通过利用社会的各种文化资源结合本校的实际来对大学生进行思想政治教育的形式。杨能山认为，所谓校园文化载体，即以文化为高校思想政治教育载体，是指高校思想政治教师充分利用各种文化产品并将高校思想政治教育的内容寓于校园文化建设之中，借此对大学生进行教育，以达到提高大学生思想道德素质的目的。这一概念包含两层含义：发掘、利用既成的文化产品中的教育因素，发挥其思想政治教育功能；将思想政治教育的内容渗透到校园文化建设中去，通过校园文化建设过程感染人、教育人。校园文化载体的特征有存续的客观性；多元的系统性与明确的规范性；鲜明的时代性与创新性。

2. 校园文化载体的意义与功能

黎文森和刘晓君认为，以校园文化为载体是大学生思想政治教育的必然要求，因为校园文化要成为传承精神文明的基本渠道；校园文化要成为营造浓厚人文氛围的主要途径；校园文化要成为孕育良好校风的重要基地；校园文化要成为拓展德育第二课堂的有效平台。杨能山认为其功能有：凝聚功能、导向功能、教育功能、塑造功能、育德功能、激励功能。

3. 校园文化载体建设存在的问题

黎文森和刘晓君认为，校园文化存在严重的失范现象，这对大学生思想政治教育构成严峻挑战，失范现象包括：追求时髦的"酷"文化、失范的"性"文化、普遍存在的"三大文学现象"、失范的网络文化。刘奎提出，大学生思想政治教育文化载体建设存在的问题有：重视物质文化载体建设，忽视精神文化载体建设；重视个人文化载体建设，忽视整体文化载体建设；重视组织具体文化活动，忽视文化载体理论研究；重视传统文化载体作用，轻视新兴文化载体效能。

4. 构建校园文化载体促进高校思想政治教育的对策

刘奎认为，加强大学生思想政治教育文化载体建设的对策如下。第一，坚持正确导向，把握方向性。这就要代表先进文化的前进方向；坚持"三贴近"原则；明确文化载体建设的宗旨、目标和任务。第二，注重科学规划，突出系统性。这包括高度重视文化载体建设；保证各种文化载体协调发展；树立全员共建意识；构建制度保障体系。第三，发挥主体意识，增强主动性。这就要树立以人为本理念；增强大学生主体意识；促进大学生和谐发展。第四，紧跟时代发展，体现创新性。这包括增强时代精神；注重载体创新。

杨能山提出：第一，加强校园文化的"硬件"建设，营造高校校园物质文化。这包括营造优美的校园环境；设计有感染力的校园景观；建造现代化的高质量图书馆。第二，加强校园文化的"软件"建设，提升高校校园精神文化。这包括要把握校园文化发展的方向，弘扬爱国主义、集体主义、社会主义精神；引导大学生形成正确的价值观念；重视隐性课程作用，全面发展校园文化；将德育寓于校园文化活动中，提高学生思想素质；弘扬学校优秀的传统校训，强化校风、学风、教风、作风建设，优化人际关系、舆论导向等人文环境。第三，完善高校校园制度文化。这包括校园制度要体现"以人为本"的思想；校园制度要合理合法；校园制度要倡导德治与法治的有机结合，要重视道德这种无形制度的作用。第四，坚持校园文化的时代主旋律方向。第五，加强对校园文化的管理。管理可分为三个方面：加强对社团的管理；加强对校园文化阵地的管理；加强对活动时间的管理。第六，强化核心层次，培育学校精神。这包括致力于培养理想人格；着眼于发掘人文精神；着力于完善考核与评估机制。袁震从校园文化载体的内容方面提出了相应的对策：以传统的民族文化为载体对大学生进行思想政治教育；以西方思想政治教育为载体对大学生进行思想政治教育；以校园文化为载体对大学生进行思想政治教育；以网络文化为载体对大学生进行思想政治教育。

（二）高校思想政治教育的网络载体

关于这个问题有学者专门讨论了作为高校思想政治教育新载体的博客的作用；网络载体在大学生思想政治教育过程中的功能；高校如何使校园网络成为加强大学生思想政治教育的重要载体。

1. 大学生思想政治教育新载体的博客的作用

戴跃侬认为，博客文化的特点及其对当代大学生的影响是：博客具有原创性，它满足了大学生表现自我的心理需要；博客具有个人性，它满足了大学生张扬个性的内在需求；博客具有自由性，它满足了大学生自由交往的行为方式；博客作为一种新的网络媒介，改变了人们的信息传递方式及接受心理；博客为教师把握大学生的思想脉搏开辟了窗口；博客为大学生同辈群体进行自我教育架起了桥梁；博客为开展网上思想政治教育搭建了平台。以博客为载体加强高校思想政治教育阵地建设的对策是：以博客为载体加强高校思想政治教育阵地建设，始终坚持马克思主义意识形态的指导地位；以博客为载体加强高校思想政治教育阵地建设，始终坚持用民族精神和时代精神陶冶学生；以博客为载体加强高校思想政治教育阵地建设，始终坚持用社会主义荣辱观教育引导学生。

2. 网络载体在大学生思想政治教育过程中的功能

张开芬和朱磊提出，网络载体在大学生思想政治教育过程中的社会功能是：保证功能、导向功能、交互功能、覆盖渗透功能，而提出网络载体社会功能的意义则是：发挥网络载体的社会功能有助于大学生思想政治教育手段的创新和方法的更新；发挥网络载体的社会功能有助于大学生思想政治教育新阵地的增加；发挥网络载体的社会功能有助于大学生思想政治教育实效性的提高。

3.高校如何使校园网络成为加强大学生思想政治教育的重要载体

桂富强和李锦红专门分析了如何以信息化管理平台为载体提高大学生思想政治教育的实效性。这需要准确定位学生工作信息化管理平台的科学内涵、构建学生工作信息化管理平台的网站模式。发挥学生工作信息化管理平台在大学生思想政治教育中的载体作用就要：面向学生实施职能管理、基于网络实施科学评价、以流程优化支撑事务管理、以项目运作支撑活动管理、以队伍建设支撑平台的建设与维护。韦秀英、秦丽华和刘凤香认为要加强领导，提高认识，建立严密高效的校园网管理体系；坚持方向，严格培训，组建一支高水平的校园网工作队伍；正面宣传、引导，加强大学生网络文明教育；加强网络技术防控，建立网上安全管理机制；充分利用网络，提高网上思想政治教育活动的吸引力。

除了上述具体载体的探讨外，还有学者探讨了以下载体：谈话（谈心）、职业生涯规划、感恩教育、青年志愿者行动，以及国防教育、寝室、创新能力培养、校园媒体等。

关于谈话（谈心）载体。陈万柏认为，谈话（谈心）载体的作用是其他的载体不可替代的：它是大学生个体思想政治教育的主要载体；谈话（谈心）能更好地增强大学生思想政治教育的针对性和有效性。而运用谈话（谈心）载体的一般要求是：要有明确的目的性；要尊重教育对象，平等待人；要注意情理交融；要选择好谈话的时机和突破口；要运用好语言。

关于职业生涯规划载体。学术界认为它是大学生思想政治教育的有效载体。关于以职业生涯规划为大学生思想政治教育载体的必要性，宁曼荣认为：职业生涯规划是知识经济时代发展的必然选择；职业生涯规划是适应国内改革和发展形势的需要；职业生涯规划是培养创新型人才的现实需要；职业生涯规划是大学生健康成长的需要。张春香和王升臻认为：以职业生涯规划为载体是大学生思想政治教育适应高等教育改革，满足社会和大学生个体发展的需要；以职业生涯规划为载体是大学生思想政治教育贯彻科学发展观，坚持以人为本的需要；以职业生涯规划为载体是大学生思想政治教育现代化的需要。关于运用职业生涯规划搞好思想政治教育的对策。宁曼荣提出，在认识层面上，加大宣传达成共识；在制度层面上，建立有效的教育机制；在实践层面上，参加有益的职业训练；在方法层面上，积极进行沟通与合作。

关于感恩教育载体。学术界认为它是大学生思想政治教育不容忽视的载体。王升臻认为：所谓感恩教育载体，即"以感恩教育为载体"，也就是指教育者通过对大学生进行感恩教育这一途径，向大学生传播丰富、正确、生动的思想政治教育信息，引导大学生发现生活中人、事、物的美好和价值，唤起大学生对自然、社会和他人的一种认同和感激，提高大学生的道德认知、情感和行为的一种思想政治教育形式。感恩教育载体的特征是：坚定的原则性、丰富的情感性、潜移默化的渗透性。感恩教育成为大学生思想政治教育载体的必要性在于：以感恩教育为大学生思想政治教育载体是大学生健康发展的需要；以感恩教育为大学生思想政治教育载体是建设社会主义和谐社会的需要；以感恩教育为大学生思想政治教育载体是弘扬中华民族传统美德的需要。积极运用感恩教育载体，进一步加强和改进大学生思想政治教育工作就要从认识和实践层面入手。在认识层面就要：提高大学生对感恩内涵的认识、提高大学生对感恩形式的认识、提高大学生对感恩重要意义的认识。在实践层面就要：一方面，鼓励大学生明确感恩的性质，选择适当的感恩形式，来表达对别人帮助的感激之情；另一方面，要鼓励大学生参加各种有益的社会公益活动，在实践活动中，培养大学生的感恩意识。

还有学者提出要以青年志愿者行动为载体加强大学生思想政治教育工作。关于青年志愿者行动在大学生思想政治教育中的地位和作用，祝国群认为：高校青年志愿者行动已成为规模性的学生参与项目，是大学生思想政治教育的有效活动载体；高校青年志愿者行动的内在特点决定了其是加强和改进大学生思想政治教育的重要手段。结合高校青年志愿者行动增强了高校大学生思想政治教育的实效性，王延隆认为：青年志愿者行动成为大学生思想政治教育工作的重要载体，这是由青年志愿者行动的内在特点决定的；而青年志愿者行动创新了思想政治教育形式，寓教于乐，寓教育于服务，成为青年大学生奉献爱心、服务社会、增长才干的有效途径。此外，青年志愿者行动丰富和发展了大学生思想政治工作内涵。这表现在：青年志愿者行动紧扣育人主题，突出了思想政治教育的核心内容；青年志愿者行动将理论与实践相结合，提高了高校思想政治教育的针对性和实效性；青年志愿者行动实现了高校思想政治教育主客体双向互动，提高了高校思想政治教育客体的主动性与积极性。关于深化青年志愿者行动的高校思想政治教育效果的对策，祝国群认为：要加强对高校青年志愿者组织的重视和支持；注重发挥高校青年志愿者组织核心人物的骨干作用；精心组织活动，融思想政治教育于活动之中；尝试把党、团组织建立在高校青年志愿者组织上。

张成斌还论述了如何以国防教育为载体促进大学生的思想政治教育：以国防教育为载体，对大学生深入进行以理想信念为核心的科学的世界观、价值观教育；对大学生深入进行以爱国主义教育为重点的民族精神教育；对大学生深入进行以基本道德规范为基础的公民道德教育；对大学生深入进行以全面发展为目标的素质教育。

第四节　高校思想政治教育原则研究

高校思想政治教育的原则是指高校在进行思想政治教育时应遵循的基本原则。因此，深入研究这一课题具有十分重要的意义。鉴于此，不少学者针对各个时期的特点，根据高校思想政治教育的规律，结合学生实际，提出了一些原则。纵观学术界的研究，其成果可以分为三类：第一类是高校思想政治教育原则的总体论述，以及如何贯彻这些原则。第二类是高校思想政治教育具体原则及其贯彻。第三类是特殊高校、群体、机构等思想政治教育原则。

一、高校思想政治教育原则的总体论述

对于这类研究，学术界一方面关注的是高校思想政治教育的原则；另一方面关注的是如何贯彻这些原则。

（一）高校思想政治教育的原则

米欣认为高校思想政治教育的原则有：相对封闭原则、群体合力原则、创新发展原则。王新山认为，高校思想政治教育应该坚持的原则是：其一，高校思想政治教育必须坚持党性原则，旗帜鲜明地坚持社会主义方向，占领思想文化阵地；其二，高校思想政治教育必须坚持发展原则，面向 21 世纪，适应新形势，树立思想政治教育新观念；其三，高校思想政治教育要坚持系统原则，营造良好育人氛围，优化最佳育人环境；其四，高校思想政治教育要坚持疏导原则，充分利用各种手段和方式，增强思想政治教育的有效性；其五，高校思想政治教育要坚持创新原则，培养和提高师生的创新精神和创新能力，造就适应社会主义建设的创新人才。游云福认为，解放思想、实事求是、与时俱进是我们党的思想路线，也应该是高校思想政治教育工作的根本原则。而高校思想政治教育工作坚持解放思想、与时俱进，就要敢于改革旧的内容和形式；就要坚持从实际出发、实事求是的原则。刘善玖等认为，高校思想政治教育的原则有："三个面向"原则和整合协调原则。杨亚军提出，新时期高校思想政治教育应当遵循的原则是：与时俱进、实践性、党性原则。冯开甫认为，高校思想政治教育原则是，以人为本原则、政治导向原则、科学化原则、层次性原则。

（二）如何贯彻这些原则

周长春提出，新形势下大学生思想政治教育的原则有：其一，教书与育人相结合的原则。教师要做到既教好书又育好人，必须做到以下几点：要关心爱护学生，深入了解学生，做学生的良师益友；严于律己，充分发挥教师的表率作用；严格要求，加强管理。其二，教育与自我教育相结合的原则。在大学生思想政治教育中，要实现教育与自我教育的有机结合，就必须：加强师资队伍建设；加强学生会、班级和社团等组织的建设，充分发挥它们在大学生思想政治教育中的积极作用；深入开展社会实践活动；发挥网络的积极作用，创造良好的校园文化氛围，优化育人环境，形成发展学生自我教育能力的良好气氛。其三，政治理论教育与社会实践教育相结合的原则。其四，解决思想问题与解决实际问题相结合的原则。真正实现解决思想问题与解决实际问题的有机结合，必须做到：在教学过程中，要努力研究大学生思想发展的规律，把握大学生思想问题的症结，从大处着眼，小处着手。其五，教育与管理相结合的原则。坚持这个原则就要：提高认识，加深理解；加强师资队伍建设；加强校园文化建设。其六，继承优良传统与改进创新相结合的原则。耿彦君认为有：合法性与有效性相统一的原则、理想信念与科学理性相统一的原则、教师与学生双主

体和谐互动的原则、成人与成才相统一的原则。谢书山和瞿明丽认为，高校思想政治教育中要坚持的原则有：传统性与现代化相结合的原则、思想性和利益化相结合的原则、主导性和多元化相结合的原则、认知性和情意性相结合的原则。

此外，王凤琴论述了市场经济条件下大学生思想政治教育的原则：理论教育与解决热点问题相结合的原则、集中教育与日常教育相结合的原则、专门教育与"三育人"相结合的原则、外在教育与自我教育相结合的原则、普遍教育与典型教育相结合的原则、校内教育与校外教育相结合的原则、思想教育与行为管理相结合的原则、教育引导与心理辅导相结合的原则、突出特色与围绕中心相结合的原则、继承延伸与改革创新相结合的原则。衡均提出了新媒介环境下的高校思想政治教育原则：民主平等原则、正面教育原则、稳定性原则、针对性原则、实效性原则、疏导原则、创新原则。

二、高校思想政治教育具体原则及其贯彻

学术界主要探讨的具体原则有：激励原则、管理原则、系统化原则、交互主体性原则、"以人为本"原则、疏导原则等。

（一）激励原则

周晓波提出，这一原则的具体内容是：目标激励与榜样激励相结合的原则，物质激励与精神激励相结合的原则，奖励与惩罚相结合的原则，情、理、行相结合的原则。

（二）管理原则

郑付海认为，高等学校的思想政治教育管理应该坚持的基本原则有：方向性原则、计划性原则、民主性原则、整体性原则、针对性原则、科学性原则、规范性原则等。

（三）系统化原则

王嫣论述了思想政治教育系统化原则在高校思想政治教育过程中的实施策略：思想政治教育系统中内容体系的设置、思想政治教育系统中主体组织机构的管理的设置、把握思想政治教育系统中客体的群体及个体思想结构、思想政治教育系统与环境的互动。

（四）交互主体性原则

许慧霞认为，交互主体性观念是高校思想政治教育必须具备的哲学理念，交互主体性原则的提出是高校思想政治教育观念变革的必然趋势。交互主体性原则要求我们在高校思想政治教育目标的制定、内容的选择及过程的引导、方式手段的采用上，都要把大学生当作一个生命的主体、一个发展中的人来看待，从而克服以往存在的偏向。坚持这一原则就要以学风建设为内容，以引导服务为形式，培养自主性、主动性、创造性的学生"主体性"

人格素质。

昌灯圣论述了高校思想政治教育中如何贯彻主体性原则问题，其认为贯彻这一原则就要：尊重大学生在现代高校思想政治教育中的主体地位、注重发挥教师在现代高校思想政治教育中的主导作用、重视大学生主体性的发挥和培育。

（五）"以人为本"原则

许浩认为，在高校思想政治教育中运用的"以人为本"原则：应该将大学生切实培养成社会需要的人才；要尊重大学生的权利和自由，让大学生有充分的发展空间；还要做好对大学生不良思想和行为的教育引导工作。孙少艾论述了这一原则的内涵和坚持这一原则的依据。高校思想政治教育"以人为本"原则的内涵是：在高校思想政治教育中要以学生为中心，发挥人的主体性尤其是学生的主体性；在高校思想政治教育中要以学生为基本点，把高校思想政治教育与学生的幸福、自由、尊严和终极价值联系起来，关注学生的生存、发展和根本利益的实现；在高校思想政治教育中要以学生为目的，着眼于促进大学生的全面发展。高校思想政治教育"以人为本"原则的主要依据是：思想政治教育客观规律的内在要求；马克思主义关于人的一系列学说，为我们在高校思想政治教育工作中确立"以人为本"原则提供了科学的理论依据；构建和谐社会的必然要求；高校思想政治教育现状的必然要求。

（六）疏导原则

许浩论述了其理论基础、功能和运用等问题。疏导原则的理论基础：它是由现代思想政治教育发展的特点决定的；它是人们思想活动发展规律的反映。疏导原则的功能具体表现在三个方面：教育引导功能、心理咨询功能、冲突缓解功能。现代社会高校运用疏导原则就要通过：期望值攀升的引导、人际关系的引导、心理矛盾的引导、行为方式的引导。

三、特殊高校、群体、机构等思想政治教育原则

关于这个问题的探讨，学术界主要集中在以下几方面：互联网思想政治教育的基本原则、高校思想政治教育中校园环境建设的原则、高校贫困大学生思想政治教育的基本原则、民办高校思想政治教育管理必须把握的原则等。

（一）互联网思想政治教育的基本原则

宋元林认为互联网思想政治教育的原则有：教育与管理相结合的原则、自律与他律相结合的原则、疏导与堵截相结合的原则、网上与网下相结合的原则、解决思想问题与解决实际问题相结合的原则、主动引导与平等交流相结合的原则。李长恩提出高校互联网思想政治教育的基本原则是：平等性与民主性原则，引导、灌输与管理相结合的原则，网上网

下相结合的原则，学校、网站、家庭、社会力量相结合的原则，预防为主的原则。

（二）高校思想政治教育中校园环境建设的原则

冯开甫提出了高校思想政治教育环境优化的原则：政治性原则、层次性原则、系统性原则、针对性原则。刘贺熹提出了高校思想政治教育中校园环境建设的原则：服务性原则、主体性原则、系统性原则、实事求是原则、开放性原则。

（三）高校贫困大学生思想政治教育的基本原则

王蔚认为，高校贫困大学生思想政治教育的基本原则有：第一，政策性原则。这是指高校贫困大学生思想政治教育中要贯彻落实国家有关政策，体现党为人民服务的教育方针原则。第二，激励性原则。所谓激励性原则，是指高校贫困大学生思想政治教育要善于利用一定的物质和精神手段，通过外在激励引发高校贫困大学生思想的变化，增加其内在动力，自觉将教育要求转化为个人目标并为之奋斗，从而达到高校思想政治教育目标的原则。第三，引导性原则。所谓引导性原则，是指在高校贫困大学生思想政治教育中，向高校贫困大学生进行正面教育，从提高他们对其思想行为的认识入手，启发他们的自觉性，调动内在积极因素，引导他们自觉践行，不断进取。第四，主体性原则。所谓主体性原则，是指在高校贫困大学生思想政治教育过程中，教师应充分尊重高校贫困大学生的主体地位，培养他们的主体意识，发挥他们的主观能动性。

（四）民办高校思想政治教育管理必须把握的原则

曾昭伟提出：其一，科学性原则。这就要求民办高校必须从分析自身对象、把握自身特点出发，找到做好民办高校思想政治教育管理的正确思路。其二，人本性原则。这就要求民办高校必须以学生为本，从思想政治教育学的整体系统中，找到人本管理的内在规律。其三，全面性原则。这就要求民办高校必须按科学发展观的方法论原则，以与时俱进、求真务实精神，循循善诱地、全面地关心每一个学生的成长和进步。其四，协调性原则。这就要求民办高校必须在整个管理体系中理顺关系，在构建和谐人际关系中提高思想政治教育的凝聚力、感召力。其五，可持续发展原则。这就要求民办高校必须加强领导，创新机制，在依法治校的实践中不断探索民办高校思想政治教育新模式。

此外，还有学者讨论了高校辅导员思想政治教育工作的基本原则和高校思想政治教育文化载体开发的原则。郭华认为，高校辅导员思想政治教育工作的基本原则有：解放思想、凝聚共识；开拓创新、多方合作。唐鸿认为，高校思想政治教育文化载体开发的原则有：方向性原则、系统性原则、针对性原则、创新性原则。

第五节　高校思想政治教育创新研究

在新的形势下，高校思想政治教育面临新的问题和挑战，这就要求，高校思想政治教育有所创新，以适应现实的发展和需要。唯有如此，高校思想政治教育才能实现其目标。因此，近年来，学术界根据实际发展状况对高校思想政治教育提出了要求，提出了高校思想政治教育的创新问题，并对此展开了较为全面的研究。综观学术界的研究，学者关注的主要问题是：新形势下的高校思想政治教育的创新问题；创新什么，以及如何进行创新等问题。

一、新形势下的高校思想政治教育创新问题

近年来，随着国内外形势的发展，我国高校思想政治教育面临着新的形势，因此，学术界普遍认为，在这种情况下必须要进行高校思想政治教育的创新。但是不同学者由于关注的侧重点不同，因而所论述的角度和重点也就不同。有学者论述了网络环境下高校思想政治教育的创新问题，还有学者论述了大众文化背景下的高校思想政治教育创新问题，社会主义市场经济建设和社会发展形式下的创新问题，以及"入世"后高校思想政治教育的创新问题。

关于新形势下的高校思想政治教育创新问题，学术界首先分析了新形势对高校思想政治教育的挑战。关陆平和刘伟分析了网络文化对高校思想政治教育工作的负面影响，这主要有：容易导致学生价值观念的偏移；道德观念的淡化；学习态度的渐变；心理状态的错位。王新文分析了社会主义市场经济建设和社会发展的新要求对高校思想政治教育工作构成的挑战：对传统的教师的权威构成了挑战；对教育方式构成了挑战；对教育内容构成了挑战；对教育对象构成了挑战。各种挑战表明高校思想政治教育必须与时俱进，顺应时代发展的要求，继承传统的思想政治教育的优点，摒弃一切陈旧的思路和做法，吸收一切有利于加强大学生思想教育的新观念和新方法，直面挑战，不断创新，给思想政治教育注入新的活力和动力，开创高校思想政治教育的新格局。张坚强和杜苏分析了大众文化是如何使中国的高校思想政治教育处于困境的，其认为：大众文化通过对国家意识形态的消解从根本上瓦解思想政治教育的意义；大众文化依托高度发达的全球化的信息传播媒介极大地削弱甚至是剥夺教育主体的话语权；大众文化通过对消费者感性愉悦和单一审美向度的最大化开发极大地颠覆传统文化、背离理性价值意义世界，从而导致高校思想政治教育的受教育主体拒绝接受教育，使高校思想政治教育的有效性成了问题。

二、创新什么，以及如何进行创新

既然新形势下高校思想政治教育的创新是必然的，那么从哪些方面进行创新就是必然要解决的问题。目前学术界的研究主要可以分为两类：一是总体上论述创新内容和如何进行创新；二是高校思想政治教育创新及其方法。

（一）总体上论述创新内容和如何进行创新

就目前来看，学术界普遍认同的创新内容有：内容创新、方法创新、机制创新、体制创新、工作队伍建设创新、观念创新、载体创新、模式创新、评价标准创新等。其中关于观念创新是学术界关注的焦点。

有学者从总体上论述了进行高校思想政治教育创新的方法、对策等，认为进行高校思想政治教育的创新就要坚持科学发展观、坚持与时俱进。关于坚持科学发展观，推进高校思想政治教育的创新问题，学者集中论述了如何坚持科学发展观推进创新的问题。傅强认为，立足科学发展观，探讨高校思想政治教育创新的思路是：加强理想信念的教育，培养学生良好的思想道德素质；以人为本，让高校思想政治教育工作走进生活；注重潜课程的作用，发挥校园育人功能，优化高校德育环境。管向群认为，其一，要将"以人为本"作为创新高校思想政治教育的基本理念。这包括：要把学生作为学校教育的价值主体；确立学生在高校思想政治教育中的主体地位；要把学生作为学校教育的动力主体，激发学生自我教育的积极性；要把学生作为学校教育的权利主体，切实维护其合法权益；要把学生作为学校教育的发展主体，促进学生的全面发展。其二，要以唯物辩证法为指导正确处理高校思想政治教育的若干重大关系，即：坚持主导性与多样性的有机统一；坚持提高思想政治素质与拓展综合素质的有机统一；坚持教育、管理、服务的有机统一；坚持思想道德建设与校园文化建设的有机统一；坚持知与行的有机统一；坚持理、情、趣的有机统一；坚持继承与发展的有机统一；坚持理论创新与实践创新的有机统一。

徐麟提出，推进高校思想政治教育的理念创新，就要坚持科学发展观，具体说就是要：其一，坚持科学发展观要求高校思想政治教育应体现以人为本的主体性价值选择——尊重学生发展的自主性；其二，坚持科学发展观要求高校思想政治教育应协调育人环境，以实现人的全面发展为价值目标——注重高校思想政治教育工作发展的和谐性；其三，坚持科学发展观要求我们构建具体而稳定的制度，保证高校思想政治教育工作一体化、规范化、系统化地发展——实现高校思想政治教育发展的可持续运行。余龙进和何丽君论述了如何坚持与时俱进，推进高校思想政治教育创新，其认为：高校思想政治教育研究必须坚持以马克思主义、毛泽东思想、邓小平理论和"三个代表"重要思想为指导；必须深刻分析国际、国内形势发展的特点和走向；必须根据新的实践不断进行新的探索；必须与时俱进，不断推进理论创新。邵庆祥则专门探讨了如何以人为本创新高校思想政治教育问题，认为我们只有坚持以人为本的科学发展观，从结构模式、方法、内容和目标、领域等诸多方面全面实现创新，思想政治教育才能取得真正的实效。具体的对策就是：高校思想政治教育的结构模式实现主客体性向主体间性的转变，思想政治教育的方法由注重外部灌输向注重自我实践体验的转化，高校思想政治教育的价值追求由单一的政治化倾向向求真、求善、求美三位一体转变，高校思想政治教育目标和内容实现整体化向分层化的转变，高校思想政治教育的关注点由单纯注重外在的行为和效果向主观心理领域的转变。

（二）高校思想政治教育创新及其方法

1. 如何进行高校思想政治教育的观念创新

赵国锋提出，观念创新就要：创新思路；破除消极防御思想，树立超前引导观念；破除经验主义思想，树立讲求科学的观念；弱化管理思想，强化服务思想，树立以人为本的观念。李爱君和单石生认为，高校思想政治教育的观念创新包括：强化"全人教育"+"以德为先"的教育观；强化"科学育人"观；强化"学生为本"观；强化"全程育人、全员育人、全面育德"观；强化"实践育人"观；高校思想政治教育还要确立"系统观"。汤建提出，要创新高校思想政治教育的发展观，确立思想政治教育"以人为本"的科学发展观；创新高校思想政治教育新质量观，确立思想政治素质与科学文化素质全面发展的新质量观；创新高校思想政治教育资源观，确立思想政治教育显性课程与潜性课程并重的资源观；创新高校思想政治教育新任务观，确立灌输社会规范与培养能力和个性有机结合的新任务观；创新高校思想政治教育的新德育观，确立全员育人、环境育人、实践育人的新德育观；创新大学生思想政治教育的任务观，确立全社会共同关心、支持和承担大学生思想政治教育的任务观念。管向群则专门探讨了高校思想政治教育主体观的创新问题，认为要确立"学生第一"的理念，使学生成为高校思想政治教育的价值主体；要确立"以生为主"的理念，使学生成为高校思想政治教育的动力主体；要确立"全面发展"的理念，使学生成为高校思想政治教育的发展主体；要确立"实践育人"的理念，使学生成为高校思想政治教育的实践主体；要确立"创新创造"的理念，使学生成为高校思想政治教育的创造主体；要确立"服务学生"的理念，使学生成为高校思想政治教育的权益主体。

2. 如何进行内容创新

李爱君和单石生提出要加强素质教育，锻造学生健康饱满的人格品质；将人文教育落在实处，培养和谐发展的一代新人；优化学校环境，培育各具特色的大学精神；大力开展大学生课外科技活动，加强学生创新精神和实践能力的培养；以培养学生职业素质为切入点，全面开展就业思想教育。

3. 如何进行方法创新

张宝君认为方法创新的途径是：注重情景氛围、强化目标激励、力求情理交融、创建网络阵地。赵国锋提出，方法创新包括：坚持政治教育与成才教育的统一；坚持灌输与交流相结合；坚持理论教育与丰富多彩的活动有机结合；坚持面的教育和点的教育相结合。

手段创新包括：要重视和充分运用信息网络技术，充分发挥信息网络技术的教育影响作用，开辟信息时代思想政治教育工作的新局面，提高时效性，扩大覆盖面，增强影响力；要重视和充分运用计算机多媒体技术，增强高校思想政治教育工作的吸引力和感染力。李爱君和单石生认为，方法创新包括：注重情感交流，实现情感育人；着力建设一支高素质的学生骨干队伍，加强指导，重点培养；在实现高校思想政治教育创新的实践中要突出做到九个结合；高校思想政治教育手段要实现现代化。

4. 如何进行机制、体系的创新

李爱君和单石生提出，机制创新就要：建立健全以党组织为核心，党、政、工、团齐抓共管的思想政治教育体系；加强学生党建工作，构建学生党建工作长效机制；建立起以宿舍为基础、学生党员为核心、学生干部为骨干的学生教育与反馈的立体组织网络体系；构建起高校思想政治教育新的运行机制。白浔论述了高校成教生思想政治教育体系创新问题，其认为这需要：加强思想政治教育工作主渠道建设；建立以人为本的"三维"高校成教大学生思想政治教育新机制；建立社会化的高校红色资源思想政治教育基地。邢飞认为，进行高校思想政治教育工作内在机制的创新就要：充分运用网络手段，改变思想政治教育主客体的关系；充分利用包括网络在内的一切有效的教育手段；在教育的内容上，充分利用网络和传统新闻媒介，增强高校思想政治教育内容的时效性；在教育的环境方面，要充分重视学校、家庭和社会的互动，改变对学校教育的过分依赖；要对教育者进行教育。

5. 如何进行高校思想政治教育模式、载体的创新

简敏提出，高校思想政治教育的创新就要：创新高校思想政治教育方法，改革传统的教育，更新高校思想政治教育内容，转变传统的高校思想教育模式，即对象型教育向主体型教育转变、说教型教育向关怀型教育转变、应试型教育向创新能力型教育转变、封闭静态型教育向开放实践型教育转变。谢晓青认为，进行载体创新就要着眼于基础层，突出加强校园实物载体建设；着力于拓展层，积极开发新的载体；弘扬于外显层，完善载体运行机制；强化于核心层，培育学校精神。

第六节　高校思想政治教育的机制、体系问题研究

高校思想政治教育是一个系统工作，它涉及了高校的各个方面。高校思想政治教育的机制和体系问题是其中的一重要问题，机制和体系问题解决得好不好，直接关系到高校思想政治教育各个环节的运行，进而关系到高校思想政治教育的针对性和实效性。因此，这个问题也是高校思想政治教育研究中的一个基础理论问题。

一、高校思想政治教育的机制

学术界提出高校思想政治教育需要构建的机制有：高校思想政治教育的和谐机制、信息反馈机制、评估机制、管理机制、保障机制、思想政治教育队伍建设的机制等。其中，学者论述的主要问题是：高校思想政治教育构建相应机制的必要性、重要性；构建高校思想政治教育相关机制的内容；如何构建高校思想政治教育的相关机制。

（一）高校思想政治教育构建相应机制的必要性、重要性

有学者提出了构建高校思想政治教育机制的必要性：是和谐社会的本质要求，是社会转型时代背景的必然要求。

有学者分析了构建高校思想政治教育信息反馈机制的重要性，认为：它能及时掌握学生思想动态，为高校思想政治教育部门的决策提供依据；它能保证高校思想政治教育决策得以正确贯彻；它能保证高校思想政治教育系统的协调发展。

（二）构建高校思想政治教育相关机制的内容

对此，有学者专门提出了高校思想政治教育信息反馈机制的内容：高校思想政治教育的决策机关——党委发出信息后，通过下属各部门把信息传输到学生班级，然后再传输到学生。根据学生思想动态及其行为的变化，及时收集信息，再把收集到的信息返回到决策机关，以便对高校思想政治教育决策进行修正和调整。还有学者专门论述了高校思想政治教育和谐机制的内容："以人为本"是构建高校思想政治教育和谐机制的灵魂；思想政治教育同学生管理相结合是构建高校思想政治教育和谐机制的必要手段；构建和谐的工作体系是学生思想政治教育的前提和建立高校思想政治教育长效机制的保障。

（三）如何构建高校思想政治教育的相关机制

关于如何建立高校思想政治教育系统的机制，姚红光认为，党的领导是高校思想政治教育的根本保证；发挥校长及其行政系统的作用是高校思想政治教育管理的重要环节；培养和造就一支高素质的政工队伍是高校思想政治教育系统管理的基础；建立一套完善的规章制度是高校思想政治教育系统管理的关键；各有关部门（系）相互协调，形成齐抓共管局面是高校思想政治教育系统管理的必要条件。关于如何建立高校思想政治教育信息反馈机制，吕振华提出的要求是：信息反馈要迅速、准确；建立完善的信息反馈制度；保障信息渠道的畅通；充分利用现代化的工具获得信息。张亚强则专门论述了如何构建高校学生思想政治教育队伍建设的机制，其认为，一要开展理论学习和培训，提高理论素质；二要深入德育研究，提高德育水平；三要加强德育实践，扩大德育视野；四要优化选择机制，保证高校学生思想政治教育队伍；五要强化竞争机制，调动高校学生思想政治教育队伍的

积极性；六要完善改进机制，提高高校学生思想政治教育队伍的整体水平。关于如何构建高校后勤思想政治教育和谐机制，台世强认为，第一，高举邓小平理论的伟大旗帜，用马列主义、毛泽东思想、邓小平理论教育引导广大职工，树立正确的世界观、人生观和价值观，保持高校后勤思想政治教育工作方向的正确性；第二，严格规章制度，强化行政管理，做到思想政治工作的规范性；第三，普遍性和特殊性相结合，做到高校后勤思想政治工作的针对性；第四，理论与实践相结合，增强高校后勤思想政治工作的实效性。

二、高校思想政治教育的体系

学术界关注的问题主要可以分为两类：第一类是总体上论述高校思想政治教育体系；第二类是分角度论述高校思想政治教育体系。

（一）总体上论述高校思想政治教育体系

这个问题关注的是如何构建高校思想政治教育的体系问题，主要是围绕高校的思想政治课教学、思想政治教育的规章制度、管理、队伍，环境，以及高校的网络建设、学生社团和社会实践展开论述的。但是不同学者由于侧重点不同，其具体论述也有所不同。

杨芳和展杰就如何构筑全方位、多层次、网络化的高校思想政治教育体系提出：坚持以科学的理论武装人，唱响新时代的主旋律；发挥公共理论课尤其是思想政治理论课对大学生系统地进行科学理论教育中的主渠道作用，不断增强思想政治教育工作的吸引力、感染力；丰富大学生思想政治学习和思想政治教育内容，创造富有时代气息的育人环境；坚持集成全社会的教育资源，形成全方位、多层次的网络化的思想政治教育覆盖面。张振平和朱颖则提出：充分认识大学生思想政治教育的重要性、复杂性，健全大学生思想政治教育保障机制，是构建思想政治教育体系的重要前提；营造加强和改进大学生思想政治教育的良好环境，是构建思想政治教育体系的重要保证；创新思维，拓展活动载体，是构建大学生思想政治教育体系的重要途径。这包括：在大学生思想政治教育中注重发挥大学生的主体性；突出社会实践能力的培养。丁森提出：要高扬中国先进文化的旗帜，构建高校思想政治教育的人文基础；要挖掘社会实践活动的内涵，构建高校思想政治教育的有效形式；要培育"环境育人"的理念，构建高校思想政治教育的良好氛围；要加强宏观管理的实效，构建高校思想政治教育的整体网络。

（二）分角度论述高校思想政治教育体系

学术界重点关注的是：高校思想政治教育工作评估体系；高校"以人为本"的思想政治教育体系；高校思想政治教育创新体系；高校网络思想政治教育的体系。

1.高校思想政治教育工作评估体系

刘瑞平等论述了构建高校思想政治教育检查评估体系的意义和作用，认为其意义和作用在于：有利于高校思想政治教育目标的正确把握和顺利实现，增强导向性和目的性；有利于对高校思想政治教育进行准确评判，增强针对性和实效性；有利于提高人们对高校思想政治教育工作的认识，增强责任感和使命感。周宗杰分析了高校思想政治教育实效性的评估原则，其认为这主要有：注重实践考察、全面考察、全员考察、全过程考察等。刘瑞平等还讨论了构建高校思想政治教育检查评估体系的基本原则，其认为这主要有：导向性原则、操作性原则、系统性原则、动态性原则等。

还有学者分析了如何构建高校思想政治教育检查评估体系。蔡海生等认为高校思想政治教育检查评估体系中应把握的关键问题有：坚持评估机制和评估体系相统一、坚持务实性和务虚性相统一、坚持普遍性和差异性相统一、坚持针对性和渗透性相统一。刘瑞平等认为高校思想政治教育检查评估的难点和突破点是：思想政治教学效果标准的非量化性、方式手段的多样性、对象的差异性、背景环境的复杂性、活动时段和范围的不确定性等。而针对如何构建符合时代发展的高校思想政治教育评估体系，刘瑞平等提出：要准确把握好构建高校思想政治教育检查评估体系的背景和依据；充分体现高校思想政治教育检查评估体系的指导作用；合理搭建高校思想政治教育检查评估体系框架；科学设置高校思想政治教育检查评估体系的权重分值；具体实施高校思想政治教育检查评估体系的量级判断。此外，夏宏奎还提出了构建高校思想政治教育检查评估体系的内在要求：领导部门评估指标、教育者评估指标、教育过程评估指标、教育环境评估指标。

2. 高校"以人为本"的思想政治教育体系

关于这个问题，学术界主要集中于如何构建这一体系的问题上。但是由于学者关注的角度不同，因而论述的侧重点也就有所不同。刘立玺侧重于教育方面，提出构建21世纪"以人为本"的思想政治教育体系要以思想教育为基础、以政治教育为方向、以道德教育为主线、以心理教育为保障、以创新发展教育为宗旨。杨鑫铨提出：关注大学生的需要是"以人为本"的前提、更新教育理念是"以人为本"的先导、创新思想政治教育体系是"以人为本"的关键。而关于如何创新高校思想政治教育体系，杨鑫挂论述了"以人为本"构建现代高校思想政治教育体系的主要原则：确立学生的主体地位、遵循大学生心理发展规律，充分考虑大学生的内在心理需要；充分考虑大学生的个体差异，因势利导，因材施教；充分调动学生的主动性，建立大学生参与的思想政治教育机制。邢瑞煜提出：发挥大学生的主体作用，构建大学生参与的思想政治教育体系；发挥学校的育人功能，健全大学生就业指导和心理健康教育服务体系；重视网络手段，构建网上思想政治教育阵地；创建人性化管理机制。伍撰祁从理念、教学改革、教师队伍、校园人文环境等方面论述了如何构建高校思想政治教育人文关怀的保障体系：树立"以人为本"的教育理念，在思想政治教育战略指导上落实科学发展观，以实现人文关怀；深化以"学分制"为核心的教学改革，进一步扩大大学生学习自主权，以实现人文关怀；重视以"两课"为突破口的课堂教学创新，在课堂教学中渗透人文精神元素，以实现人文关怀；提高教师队伍文理兼通的整体素质，教师以其人文情怀和宽阔的文化视野感动学生，以实现人文关怀；更新管理理念，推进民主教育管理，以实现人文关怀；优化校园人文环境，给学生以宽松、和谐、美感的人文氛围，以实现人文关怀。

3. 高校思想政治教育创新体系

关于这个问题，学术界比较一致地认为，观念更新是构建高校思想政治教育创新体系的前提和关键。王芳提出：转变思想观念，创新方式，促进当代大学生科学精神和人文精神的全面发展，是构建适应社会主义和谐社会需要的高校思想政治教育创新体系的重要前提。关于构建思想政治教育创新体系的内容，郑秋艳认为有：拓展载体、丰富内容、创新形式、完善体制、优化资源。王芳强调充分发挥高校思想政治理论课的主渠道作用，提高大学生的思想政治素质，是构建适应社会主义和谐社会需要的高校思想政治教育创新体系的首要内容；营造良好的整体环境，是构建适应社会主义和谐社会需要的高校思想政治教育创新体系的根本保证。

4. 高校网络思想政治教育的体系问题

关于这个问题，学术界主要讨论的是如何构建高校网络思想政治教育的体系。徐伟东提出，构建高校思想政治工作网络教育的新体系就要：建立一支高素质的大学生网络思想政治教育队伍，充分发挥网络教育主力军的作用；利用网络资源，创新高校网络思想政治工作的途径；弘扬网络文化，促进校园精神文明建设。李健提出，要围绕五个重心，构建高校网络思想政治教育新体系，第一，以校园网建设为重心，优化网络环境；第二，以弘扬先进文化为重心，抵御"文化侵略"；第三，以组建网上思想政治教育专兼职人员为重心，加强队伍建设；第四，以健全政策法规为重心，强化网络监管；第五，以网上网下联动教育为重心，提高综合素质。鲁俊海等认为，构建新时期高校网络思想政治教育体系，就要：建立健全管理体系和机制，培养和建设一支高素质的队伍，加强大学生网络道德和网络伦理教育，加快网络法规建设和加强网络管理，并与大学生的心理健康教育相结合，与学生平等交流。陆萍等分析了建设高校网络思想政治教育资源体系包括：信息资源建设、组织资源建设、文化资源建设、人力资源建设、设备资源建设、制度资源建设。

除了上述学术界重点关注的体系外，还有学者讨论了高校共青团思想政治教育工作体系，其包括高校思想政治教育目标体系、高校思想政治教育管理体系、高校思想政治教育保障体系等。关于如何构建高校共青团思想政治教育工作体系，杨博进行了专门的讨论，认为这要：一切从实际出发，坚持以人为本，建立科学、系统、完善的共青团思想政治工作目标体系；开辟新途径，建立实事求是，与时俱进的共青团思想政治教育工作体系；加强实效、开拓进取，建立科学的共青团思想政治教育工作评价体系。关于高校思想政治教育目标体系，徐小军专门论述了构建动态发展性高校思想政治教育目标体系是人全面发展理论的要求，是社会主义市场经济的基本要求，是和谐社会建设新理念的时代要求，是加强党的执政能力建设的核心要求。关于高校思想政治教育管理体系，朱怀东讨论了高校思想政治教育管理体系的改革问题，其认为改革要坚持的原则有：整体性原则、协同效应原则、便于管理原则；而新的高校思想政治教育管理模式则是：在党委的统一领导下，设立专门学生德育工作领导小组，由德育工作领导小组负责对五个思想政治教育子系统进行统一领导和规划，五个思想政治教育子系统在各自的教育领域内合理有效地分工，相互配合，形成一个"全天候"没有盲区的教育系统。关于高校思想政治教育保障体系，杨崇泽分析了目前高校思想政治教育保障体系的缺陷和如何构建高校思想政治教育的保障体系。关于前者杨崇泽认为，主要有：国际环境变化导致高校思想政治教育保障体系的缺陷；国内经济环境转换导致高校思想政治教育的保障体系的缺陷；心理健康教育落后导致高校思想政治教育的保障体系的缺陷；思想政治工作者队伍状况导致高校思想政治教育保障体系的缺陷。关于后者杨崇泽提出，高校思想政治教育保障体系的构建包括：高校思想政治教育的组织保障体系；高校思想政治教育的"第二课堂"保障体系；高校思想政治教育的心理健康教育保障体系。

综观学术界目前关于高校思政治教育机制、体系问题的研究，我们认为学术界的研究为我们将来进一步研究的开展奠定了坚实的基础，但就目前的研究来看，还存在以下问题：第一，关于高校思想政治教育的机制问题研究显得不足，同时关于高校思想政治教育体系问题的研究也不够充分，目前可以说只是研究的开始。第二，该研究有待进一步深入，如不同地区、不同历史、不同特色高校的思想政治教育机制和体系问题的研究有待进一步开展。而目前的相关研究也还主要停留在一般的抽象理论研究上，具有可操作性的、体现鲜明特色、有实效的研究成果显得不足。

第七节 高校思想政治教育的评价研究

高校思想政治教育的评价是高校思想政治教育研究中重要的基本理论问题，主要就是对高校思想政治教育按照一定的标准给予价值上的评判。对于这个问题，学术界近年来主要围绕两个方面展开论述：一是高校思想政治教育评价的理论研究；二是高校思想政治教育具体方面的评价方法问题，这方面目前主要集中于绩效评价、课程评价、网络环境下高校思想政治教育的评价等。

一、高校思想政治教育评价的理论研究

关于这个问题，学术界主要讨论了高校思想政治教育评价的内涵、内容、范围、要求、原则、特点、意义。

（一）内涵

肖旻提出，高校思想政治教育评价的内涵是：国家教育行政部门、教育监督和教育科研机构及各个高校根据党和国家的教育方针、思想政治教育法规和德育目标，根据社会对

高校思想政治教育的要求和高校思想政治教育对象的实际及他们的身心发展规律,有计划、有组织地运用科学方法对高校思想政治教育的内容、方法、过程和实际效果等进行价值判断的过程。而界定高校思想政治教育评价范畴应充分考虑以下几个方面:第一,高校思想政治教育评价形式上是一种检测评估,是全面检验、鉴定高校思想政治教育活动整体情况的基本形式,是检查、督促高校贯彻德育方针,加强思想政治工作的重要手段。但本质上是一种价值判断过程,它必须对高校思想政治教育的理论价值和社会效果做出价值判断。第二,高校思想政治教育评价的依据既有政策方面的,又有社会现实方面的。第三,高校思想政治教育评价的主体既包括国家教育行政部门、教育督导部门和教育科研机构及高校自身,还包括由有关部门组织的领导检查团、专家组的领导和专家,也包括高校自身的思想政治教育工作者。第四,高校思想政治教育评价的客体,即高校思想政治教育评价的对象,是高校思想政治教育的全部实践活动,即思想政治教育工作。第五,高校思想政治教育评价的方法是通过运用先进的测量、统计技术和评价方法,对高校思想政治教育的实践活动作出全面的、科学的价值判断。第六,高校思想政治教育评价的意义和作用主要表现为全面反映高校思想政治教育的现状、特点及发展趋势,通过对高校思想政治教育效果的合理评价和科学判断,为加强和改进高校思想政治教育工作提供决策依据,促进高校思想政治教育质量和效益的提高,保证高校思想政治教育目标的顺利实现。

(二)评价的内容和范围

罗福华提出评价的内容和范围应该是:对受教育者、教育者及领导部门的评价;对高校思想政治教育形式和方法的评价;对思想政治教育历史背景和社会环境的评价。郑邦山认为网络环境下的高校思想政治教育工作评价项目和评价内容是:网站建设的评价、管理制度和水平的评价、队伍构成人员素质的评价、工作效果的评价、网络思想政治教育研究的评价、特色项目的评价。

(三)评价的要求、原则

罗福华提出其要求是,评价必须坚持正确的政治方向、必须坚持从实际出发、必须坚持"三个面向"。要坚持的原则有:历史性原则、系统性原则、相对性原则。评价的方法是:动机与效果统一的评价方法、定性与定量统一的评价方法、动态与静态统一的评价方法。郑邦山提出,建立网络环境下的高校思想政治教育工作评价体系的原则有:目标原则、科学原则、系统原则、实用原则。

(四)评价的特点、意义

汪怡江等提出,其意义是,第一,通过评价,可以肯定成绩,以便采取措施巩固和发展已取得的成果;第二,通过评价可以找出思想政治教育工作中存在的问题和不足之处,以便采取措施加以解决和纠正;第三,通过检查与评价,可以修正、补充或重新制定由于主观不慎或客观情况的变化所造成的教育方案的不周或失误;第四,高校思想政治教育评价本身就是一种教育活动,它可以推动高校思想政治工作的开展,使学生提高成绩,纠正错误,有所前进;第五,确定高校思想政治工作所应达到的切实可行的目标,对目标是否达到和达到的程度进行恰当的评价,对于克服高校思想政治工作是"软任务",没有什么实效可言的错误认识,提高对高校思想政治工作的地位和作用的认识,促进高校思想政治工作的科学化、制度化、规范化、系统化都有着积极的意义。肖旻认为高校思想政治教育评价的特点是:明确的针对性、科学的系统性、突出的动态性、鲜明的对比性、相对准确的可测性。

二、高校思想政治教育具体方面的评价方法问题

这个问题实际上涉及的是高校思想政治教育评价中的具体操作问题。对此,有不少学者提出了绩效评价、课程评价、高校思想政治教育工作状况的评价、价值评价的方法。其中关于高校思想政治教育的绩效评价、高校思想政治教育课程评价,以及网络环境下高校思想政治教育的评价是学者关注的热点。

(一)高校思想政治教育的绩效评价

学者主要讨论的问题是:高校思想政治教育工作总体效果评价指标、评价方法、高校思想政治教育有效性的标准和原则等。

1. 高校思想政治教育工作总体效果评价指标

汪怡江和袁泉认为:第一,能否通过一定阶段的教育,使学生的马克思主义理论水平在原有基础上有一定的提高,按照教育大纲的要求,全体学生的马列理论课、形势任务课的考核成绩消灭了不及格现象,并使大多数学生达到优良以上的成绩;是否基本掌握了辩证的思想方法。第二,能否通过思想政治教育工作,使大多数学生的政治觉悟不断提高;是否初步形成共产主义的世界观和人生观,树立起共产主义的远大理想,树立起无产阶级的阶级观点、劳动观点、群众观点、集体主义观点和辩证唯物主义观点,具有为人民服务精神;是否关注四化建设,热爱社会主义制度,拥护党的路线、方针、政策,拥护各项体制改革。第三,整个学校是否形成了积极进取,奋发向上的进步风尚;是否有大多数学生积极要求进步,靠近党团组织,申请入党、入团的人数逐步增加,学生中的党、团员的比例是否逐年增加,质量不断提高;优秀班级和优秀学生的数量和质量是否不断上升,形成创三好、争先进的良好风气,基本上消灭了打击进步,讽刺挖苦先进典型的不良风气。第四,是否形成了良好的校风校纪;学校各项规章制度是否健全;是否引导学生自觉遵守,并经常督促检查、评比奖惩;学校的教学、文化活动及各种生活是否形成良好的秩序;是否形成了独特的优良校风;各班级是否建成团结、活泼的良好班集体;绝大多数学生是否做到了爱护公物,爱护校园的花草树木;好人好事是否不断涌现;校园环境是否整洁、卫

生、优美、文明；学生的穿着是否朴素、整洁、文雅、大方；学生之间的人际关系是否协调。第五，整个学校的学习风气是否浓厚；绝大多数学生的学习目的是否明确，态度是否端正；是否树立起为实现四化而努力学习科学文化知识、培养能力、增长才干、立志成材的远大志向；学生的学习成绩是否普遍不断上升，学生的智力素质和开拓精神是否得以提高；是否建立起培养学生各种能力的科技小组、学习小组、兴趣小组，在上级举办的智力竞赛、科技竞赛、文体比赛等活动中，是否取得了较好的成绩；开展学生锻炼身体的各种活动是否积极、普遍。第六，大多数学生是否具有勤奋学习、热爱劳动、遵纪守法、爱护公物、勤俭朴素、尊老爱幼、尊师爱友、团结同学、待人诚恳、助人为乐的精神；是否养成讲文明、讲礼貌、讲秩序、讲卫生、讲道德，语言美、行为美、仪表美、心灵美等优良品德和良好行为习惯。第七，是否注重做后进生的教育转化工作，使犯错率，即违反校纪校规受到各种处分的学生占学生总数的比率，降低在 1% 以下，基本上没有触犯刑法的学生；绝大多数学生的辨别是非、美丑的能力是否逐步提高；是否能自觉抵制社会不良风气和非无产阶级思想的影响，自觉同不良思想与行为作斗争。第八，多数学生能否积极响应上级的号召，积极参加诸如"爱我中华，修我长城"、植树造林、抗险救灾、慰问军烈属、为您服务、卫生监督等一些有益的服务性活动和社会劳动。第九，绝大多数毕业生在毕业分配派遣离校时，能否做到服从国家需要，听从组织安排，并踊跃到最艰苦的地方去，处理好个人志愿与祖国需要之间的关系。

2. 高校思想政治教育工作效果评价方法

汪怡江和袁泉认为高校思想政治工作效果评价方法包括问卷调查法、社会调查法、目标管理法、过程分析法。

3. 高校思想政治教育工作有效性的评价标准和原则

王曦认为，可以用高校教育目标和基本任务来评价效果、从学生表现效果，即实际行动看，从满足学生全面发展的需要看。而关于其原则，王曦认为有定量标准与定性标准统一的原则、做到点与面结合的原则、看眼前也要看长远的原则、确定性和不确定性的统一原则。乔永忠认为，高校思想政治教育绩效评价的原则是客观性、科学性和可操作性；而标准则有政治标准、思想标准、实事求是标准。关于高校思想政治教育绩效评价的方法，乔永忠专门论述了模糊综合评价法。乔永忠提出，运用模糊综合评价方法对高校思想政治教育绩效评价的基本步骤是：首先，根据高校思想政治教育系统的目标、功能等要求对系统进行分析，确定评价指标体系，并对指标体系做出判断分析，从而确定各大类指标的设置和单项评价权重。其次，进行单项评价，得到系统在相应各评价指标下的实现程度，并对不同指标下不同量纲的实现值进行归一性处理，由此得到模糊矩阵。再次，进行综合评价。最后，根据总系统评价值，运用"最大隶属度原则"得到系统的最终评价等级。

（二）高校思想政治教育课程评价

关于目标对照方法，黄建军认为：所谓目标对照方法，就是根据原来决策的目标，对高校思想政治教育一定阶段的实际工作加以总结，找出成绩和不足的方面。具体方法是：第一，确立预期，这是目标对照法的起始环节，是高校思想政治教育课程评价的前提与基础。该环节主要包括：确定评价对象；确定目标体系的思想性；确定目标体系的科学性。第二，考察实际效果：要对高校思想政治教育具体目标、高校思想政治教育工作的课程内容、保证体系与评价效果进行系统考察。具体地讲，主要包括两方面：一是高校思想政治教育课程保证体系是否完善；二是高校思想政治教育课程教学效果是否显著。第三，实行纵向比较。关于实践评估方法，黄建军认为，通常采用的实践评估方法主要有以下几种：追踪调查法、系统观察法、自然评估法、自我总结法。

此外，朱诚蕾专门论述了高校思想政治教育课程评价的导向功能及如何发挥其功能。朱诚蕾认为，高校思想政治教育课程评价的导向功能有：政治导向功能和价值取向功能。而发挥高校思想政治教育课程评价的政治导向功能，应注意以下几个方面的内容：第一，高校思想政治教育课程的评价不仅是教育者对课程教学效果的评价，更重要的是党和国家、教育行政主管部门对党和国家的纲领、路线等重大决策在高校思想政治教育课程及其教学中贯彻情况的评价，是对高校学生思想政治道德觉悟水平考查的一个重要途径。第二，高校思想政治教育课程评价的标准应当与时俱进，紧跟时代潮流。第三，高校思想政治教育课程评价的政治导向功能是使学生树立和坚持正确价值取向的前提。要更好地发挥高校思想政治教育课程评价的价值取向功能，首先，必须用国家和社会的主导价值观对高校思想政治教育课程和学生进行评价，在高校思想政治教育课程评价中贯彻正确的价值取向。其次，依据高校思想政治教育的目标制定恰当的课程评价标准和指标体系，对思想政治教育课程效果实行全面的评价。

（三）网络环境下高校思想政治教育评价

陈晓明认为网络信息技术化的思想政治教育评估的特点是：评价过程虚拟化，评价信息数字化，评价技术智能化，评价主体多元化、科学化，评价行为社会化，评价队伍专业化。郑邦山则较为系统地分析了网络环境下高校思想政治教育工作的评价，其认为网络环境下的高校思想政治教育工作评价的意义和作用有：导向作用、优化作用、决策参考作用、协调作用、激励作用。建立网络环境下的高校思想政治教育工作评价体系的原则有：目标原则、科学原则、系统原则、实用原则。网络环境下的高校思想政治教育工作评价方法一般可采用专家委员会打分的方法，计算分值即将各位专家对某校的总评分加在一起进行平均。

此外，还有学者论述了高校思想政治教育价值评价标准。龙海平认为，高校思想政治教育价值评价标准的实质是：以主体需要作为出发点来衡量客体对主体所具有的价值的性质及价值量之大小；实践是高校思想政治教育价值评价的最高标准。而高校思想政治教育价值评价的具体标准有：必须以理想信念教育为核心；必须强化创新精神教育；必须注重科学精神和人文精神教育。

第二章　高校思想政治教育工作者研究

近十年来，学术界关于高校思想政治教育工作者研究的焦点问题主要有：辅导员与高校思想政治教育研究；高校思想政治教育队伍建设研究。学术界首先关注的是辅导员与高校思想政治教育的研究，讨论的主要问题有：辅导员队伍现状及面临的挑战；辅导员在高校思想政治教育中的地位、作用；辅导员如何开展思想政治教育工作；辅导员队伍建设。高校思想政治教育队伍建设问题的研究，学术界关注的问题主要有：新形势下高校思想政治教育队伍的现状；高校思想政治教育工作者的素质构成及如何提高思想政治教育工作者的素质研究；如何加强大学生思想政治教育队伍建设。此外，学者就高校思想政治教育队伍建设问题，讨论了大学生思想政治教育工作队伍的专业化、职业化建设，以及高校思想政治教育工作者的继续学习问题。

第一节　辅导员与高校思想政治教育的研究

关于这个问题，学术界讨论的主要问题有：辅导员队伍现状及面临的挑战；辅导员在高校思政治教育中的地位、作用；辅导员如何开展思想政治教育工作问题；辅导员队伍建设问题。

一、辅导员队伍现状及面临的挑战

对此，学术界主要围绕辅导员队伍存在的问题，以及辅导员思想政治教育工作面临的挑战而展开讨论的。

（一）辅导员队伍存在的问题

陈思认为，当前辅导员中存在一些问题，主要包括：部分辅导员心理承受能力较差；有些辅导员过分强调自我；组织纪律意识淡薄；奉献精神不够。周磊和吴绵超等认为，当前辅导员现状是：专业性不强，职业性不强，安全感、归属感、成就感缺失。庄建锋认为，辅导员队伍现状是：思想陈旧，管理理念缺乏创新；辅导员队伍参差不齐，知识结构不合理，"专业"思想不稳；保障制度不规范，人员配备不规范，缺乏科学化管理；队伍数量单薄，人数配备不足。曾中良具体分析了四川高校的辅导员队伍现状其认为，四川高校的辅导员存在"三高二低一短"现象。"三高"是政治素质较高，青年人占的比例高，学历相对比较高。"二低"是职称职务偏低，与其他教师相比较收入偏低。"一短"是从事辅导员工作的时间较短。徐可心认为，目前辅导队伍存在一些不适应因素是：队伍不够稳定、数量不足、素质不高。可见，关于辅导员队伍现状的研究，学术界认为，在辅导员队伍的结构、数量和质量方面都存在一定的问题。

（二）辅导员思想政治教育工作面临的挑战

有学者围绕辅导员自身的新变化对其思想政治教育工作构成的影响展开研究。李杰分析了辅导员队伍年轻化对思想政治教育工作带来的影响：便于师生沟通交流，容易产生共鸣；缺乏实际工作经验，忙于事务性的工作。有学者从总体上论述了辅导员思想政治教育工作的问题和困境。王玉萍和谷玉清认为，辅导员的工作困境是：分工不明、职责不清；辅导员理论学习不足；面面俱到，威信难树，辅导员工作难显实效。郭剑林和洪文建认为当前辅导员制度面临的困境期望和实际的矛盾有：难度和素质的矛盾；经验和精力的矛盾。当前辅导员制度上存在的几个问题症结有：角色定位不清、岗位职责多、考核业绩难。这三个方面在实践中的延伸又必然带来了三个问题，加大了辅导员工作的难度：专业性不强、选拔要求低、队伍不稳定。而学术界较多的是围绕外部环境的变化对辅导员思想政治教育工作构成的影响和挑战进行讨论的。曾学毛认为，网络信息对辅导员开展思想政治教育工作的挑战有：网上多元化的价值取向、思想理念易引起学生思想上的混乱；网络信息传播的快捷性使学生思想变化难以预测；网络对辅导员传统的教育方式和教育的权威性提出了挑战；少数大学生沉溺于虚拟网络世界，易导致人格异常和心理障碍。另外，网络的隐蔽性、虚拟性可能会导致一些缺乏自律与道德的学生走入破坏性发泄的误区，在网上传播不负责任的信息，进行人身攻击，甚至利用网络进行犯罪。

王永认为，高校思想政治辅导员面临的新挑战有：实施素质教育和培养具有创新精神、实践能力的人才，这对高校思想政治辅导员提出了更高的要求；网络信息化对高校思想政治辅导员开展思想政治教育工作带来了新的挑战；当代大学生自身的新特点对高校思想政治辅导员提出了挑战。郑安徽等提出，在国际国内背景下，辅导员思想政治工作对象——大学生作为一个群体也发生了显著的变化，主要表现在：数量大大增加；成分更加复杂；性格心理变化显著；面临的生活、学习、就业压力加大。这对辅导员的思想政治教育工作也构成了严重影响。郭华分析了社会多元化对辅导员思想政治教育工作带来的挑战，其认为学生的道德标准和价值取向日益多元化，思维的选择性、多变性、差异性日益增强，加之对外开发的扩大和深入，各种思想文化融合、交织、碰撞，给大学生思想政治教育带来了许多新的问题和新的情况，适用于一元社会的传统思想政治教育工作方法显得力不从心，这些都要求辅导员解放思想、开拓创新，探寻新思路、新方法、新举措，增强思想政治工作的时代性、针对性、实效性。邱春新等认为，辅导员开展大学生思想政治教育工作的困境是大学生的思想状况有了新的特点。这表现在部分大学生：丧失理想、丢掉信仰；不顾国家、漠视集体；无视道德、不讲文明；心理素质辅导员队伍出现了新情况。这体现在："专职辅导员"还很难成为"专业辅导员"；辅导员产生职业倦怠的概率大大增加；"重要工作"难以成为"最主要工作"。

此外，任江林还分析了高校政治辅导员继续教育存在的问题：培训目标不明确，培训氛围不浓厚；培训体制落后，培训机制不健全；培训模式封闭，培训内容和形式单一。

二、辅导员在高校思想政治教育中的地位、作用

关于这一问题，学术界基本上都给予了充分的肯定。当然，不同学者所使用的肯定语言是不同的，有学者提出辅导员在高校思想政治教育中起到了骨干作用，是高校思想政治教育的基石、保障，是开展网络思想政治教育的重要力量等。

黄伟良分析了专职政治辅导员在大学生思想政治教育工作中的独特优势：第一，具有第一线的独特优势；第二，充分发挥专业化的独特优势；第三，充分发挥职业化的独特优势。有学者分析了网络思想政治教育中辅导员的地位和作用，其认为：辅导员是大学生思想政治教育和管理的工作者、组织者和指导者；是大学生健康成长的指导者、引路人和知心朋友。王秀滨认为，辅导员是大学生思想政治教育工作的主力军。辅导员作为大学教师队伍中的一个特殊群体，处在大学生思想政治教育工作的第一线，也处在高校对大学生进行日常管理的前沿，在整个教书育人的大环境里，在完成高等教育，为社会培养合格人才的总目标下，所起的作用是极其重要的，在很多方面是无法替代的。首先，辅导员起到管理的作用，他们处于学校与学生联系的第一线，和学生保持着固定的直接联系；其次，辅导员起到教育作用。张再兴等论述了高校网络辅导员队伍建设的重要意义：大学生生存方式的网络依赖引发高校思想政治教育环境的变化；网络空间的多重场域化带来高校思想政治教育的模式变革；意识形态斗争的紧迫性要求高校思想政治教育工作必须主动占领网络阵地。张建平认为，辅导员在高校思想政治教育中起到了骨干作用：辅导员在高校思想政治教育中的骨干作用是教育部的要求、是学校的要求、是辅导员自身的要求、是学生的要求。而要发挥辅导员在高校思想政治教育中的骨干作用，就要：以身示范，上好"两课"，搞好党团工作、班级文化，注意自身发展。周磊等提出，辅导员是高校思想政治教育的基石，在高校思想政治教育中具有特殊地位，其认为这是由辅导员在高校中的特殊性和高校思想政治教育的特点决定的。

郑安徽等分析了辅导员在大学生思想政治教育工作中的作用与优势，主要表现为以下三个方面：一是桥梁作用；二是思想政治教育方式的多种选择性；三是有利于处理大学生突发性思想心理问题。万法同则论述了辅导员的角色定位：辅导员要当好大学生思想政治教育方向的引领者；要做好大学生成长的关怀者；是使大学生养成科学学习行为的指导者；是使大学生养成正确生活方式的指导者；是使大学生养成良好日常行为方式的引导者。李

一男等则分析了辅导员在大学生思想道德建设中的作用：辅导员工作在高校思想道德建设的最前线、在高校荣辱观教育的最基层；辅导员是高校隐性思想道德环境的营造者，是高校思想道德建设的实践者，是大学生发挥思想道德建设主体作用的引导者。钟学红等分析了辅导员在大学生心理危机干预中的特殊性：其一，辅导员长期以来与大学生吃住在一起，与大学生近距离接触交流多，能够掌握每位大学生的个性与心理特点。当各种危机与矛盾发生时，他们能够获得第一手材料。其二，大学生在平时的学习生活中最为信赖的也应该是辅导员。其三，辅导员是曾经的"大学生"。其四，辅导员在大学生心理危机干预中具有桥梁纽带作用。王少飞分析了辅导员博客在思想政治教育中的作用，认为辅导员博客是思想政治教育的有效载体，起到了管理平台、教育平台、沟通平台、学习平台等作用。

三、辅导员如何开展思想政治教育工作

在明确了辅导员及辅导员思想政治教育工作的重要意义、作用及其现状后，学术界主要集中论述了辅导员如何开展思想政治教育工作问题。关于这个问题，学术界主要是从两个方面展开论述的：一是高校辅导员有效开展思想政治教育工作的路径、方法的总体论述；二是辅导员如何有效开展某种具体的思想政治教育工作的论述。

（一）高校辅导员有效开展思想政治教育工作的路径、方法的总体论述

关于这方面的研究，首先有较多学者围绕新形势、新环境下，辅导员工作的现状，辅导员工作面临的挑战、困境、问题而展开对策研究。王永提出，辅导员面对压力和挑战应采取的策略是：要在教育的方式上下功夫；充分利用网络信息资源对大学生进行积极的影响；采取道德教育与心理教育相结合的方法。赵文娟认为，新形势下辅导员开展思想政治教育工作的新途径有以下几方面。其一，高校思想政治教育工作要有"以人为本"的理念；其二，高校思想政治教育工作要以网络为全新载体；其三，高校思想政治教育工作要以寝室为主要阵地。郑安徽等提出，新形势下辅导员加强和改进大学生思想政治教育工作的途径是：其一，必须树立高度的责任感和使命感，具有爱心、细心和耐心；其二，加强思想政治理论、心理学知识和网络知识学习；其三，宏观与微观相结合；其四，亦师亦兄，以后者为主；其五，重视社会实践教育。游跃根据对新时期辅导员面临的问题的分析，提出了具体解决的措施：善于利用好互联网这把"双刃剑"；协助协调就业，广开求职渠道；建立合理的大学生心理辅导机制；关注高校"弱势群体"，把握好思想政治工作的重要防线。邱春新等则提出了辅导员走出大学生思想政治教育工作困境的对策，包括创新思想政治教育工作的内容、创新大学生思想政治教育的工作机制、创新辅导员队伍的建设。

此外，学者还围绕辅导员自身素质、工作环境、管理、机制、组织机构、工作方式、理念、内容、与学生的关系等方面展开相关对策的探讨。吴云认为，在新的历史时期，辅导员要加强和改进大学生的思想政治教育工作，必须把握好以下几个切入点：树立超前意识，找准思想症结，以情理感人，讲究工作实效，解决实质性问题，注重表率作用，坚持全面观

点。马静波等认为，辅导员开展思想政治教育的方法是：以大学生普遍关心的热点问题为切入点；发挥大学生在教育过程中的主体作用；宣传教育要结合学生的实际情况。张柱山就高校辅导员如何做好思想政治工作问题提出：辅导员应有坚定的政治信念；思想政治教育工作要遵循客观规律，并与时代发展和需要紧密结合起来；要做大学生学习的引路人，解决大学生思想上的困惑；辅导员要有强烈的事业心，热爱学生工作，乐于奉献；开创性地开展工作，既要晓之以理，又要动之以情。李丹认为，充分发挥辅导员在高校思想政治教育工作中的作用，需要充分认识辅导员工作的重要性，加强辅导员自身建设；了解大学生的特点，明确工作思路；找准角色定位，履行辅导员的职责。这需要辅导员做大学生成才的引路人、大学生生活的贴心人、大学生素质教育的领路人、大学生就业的铺路人。黄伟良专门分析了辅导员如何发挥在大学生思想政治教育中的作用问题，其认为发挥好专职政治辅导员在大学生思想政治教育中的作用必须具备的条件和要求是：树立科学的思想理念；构建完善的运行体制；落实规范的管理制度；强化"以人为本"的人才战略。发挥好专职政治辅导员在大学生思想政治教育中的作用要做到五个结合：第一，必须把专业化和职业化结合起来；第二，必须把辅导员的职业发展与学校的宏观发展有机结合起来；第三，必须把专职政治辅导员工作和兼职班主任工作有机协调起来；第四，必须把专职辅导员的教育、培养和提高结合起来；第五，必须把"引进来"和"走出去"结合起来。

刘莹认为，辅导员要加强学生思想政治教育就需要做好以下几方面工作。其一，树立新观念，迎接新挑战。其二，掌握新知识，解决新问题。掌握信息技术，占领网络思想教育阵地；加强心理健康教育；加强大学生职业发展指导。其三，建立新型师生关系，实现师生良性互动。周频提出，辅导员搞好思想政治教育工作的途径是：加强理论学习，提高责任意识，增强思想政治教育工作紧迫感和使命感；更新理念，改进方法，探索思想政治教育工作规律性和科学性；丰富形式、贴近学生，提高思想政治教育工作的感召力和影响力；尊重学生、依法管理，促进思想政治教育工作的规范化和人性化；关怀弱势、扶贫帮困，增强思想政治教育工作的针对性和实效性。王德友和杨艳兰认为，辅导员有效开展思想政治教育工作的路径是：树立一个良好的人格形象、确立一个明确的班级管理目标、建设一支过硬的学生骨干队伍、制定一套规范的管理制度、探索一套行之有效的思想政治教育方法。施红星认为，新时期辅导员开展好思想政治工作就要：认真思考、积极探索，全面提高辅导员的基本素质；与时俱进、开拓创新，拓展辅导员工作的新思路。做到这一点需要：其一，树立"以人为本"的理念，在日常管理中加强对学生的思想政治教育；其二，多方面开展活动，拓宽学生思想政治教育的新渠道。

（二）辅导员如何有效开展某种具体的思想政治教育工作的论述

关于这一问题，学术界较为关注的是辅导员如何进行心理健康教育。尹海兰分析了辅导员借鉴心理辅导技术开展大学生思想政治教育的方法：借用团体心理辅导中的活动，帮助新生快速相识、减少孤独感，初步形成班级凝聚力；采用班级心理辅导的方式，解决大学生普遍存在困惑的问题；融入个别咨询技术，与部分学生单独谈心，深入把握其思想状况，促进学生的成长和成才；在日常管理中渗透心理健康教育的理念，优化大学生心理素质，塑造其健全人格，培养其积极进取的人生态度。薛艳分析了辅导员在思想政治教育工作中如何有效渗透心理健康教育，具体举措是：研究大学生的思想特点和心理特点；确立个性教育思想；加强理想信念教育；重视情感教育的特殊效应；建立完善的校园心理健康教育网络；重视做好特殊学生群体的心理健康教育工作。积极探索大学生心理健康教育的途径，增强高校思想政治教育工作的有效性：其一，建立健全心理健康教育三级网络工作体系；其二，构建大学生心理健康教育的内容体系，包括开展心理健康知识教育、开展心理咨询、加强心理环境建设；其三，建立大学生心理健康教育的载体体系。钟学红和熊领华论述了如何提升辅导员在大学生心理危机干预中的特殊功能，包括加强辅导员作为心理健康教师队伍建设；打造强有力辅导员团队合作队伍；努力提高辅导员的应急能力；建立心理健康教育的长效机制。

此外，还有学者探讨了网络背景下辅导员如何搞好思想政治教育工作，辅导员如何运用人格魅力增强思想政治教育的有效性。曾学毛提出，网络时代辅导员开展思想政治教育的方略为第一，要充分认识网络新时代做好思想政治教育工作的重要性。第二，准确把握新时期思想政治教育的方向。第三，学会从网上寻求解决问题的方法。第四，新时期思想政治教育工作要处理好几个关系：要在正确把握思想政治教育导向的基础上，处理好先进性要求和广泛性要求的关系；要在把握思想政治教育发展规律的基础上，处理好长远目标与阶段性任务的关系；要正确运用思想政治教育工作手段，处理好思想政治教育与规章建设的关系。虞金仁和李祥军认为，网络思想政治辅导员队伍工作的原则与方法有：调查研究与正确引导相结合；顺应规律和文化熏陶相结合；主动宣传与互动交流相结合；有效融合与保持优势相结合；"网上"与"网下"有机结合。张再兴和张瑜认为，网络辅导员的工作角色有：在网上是一个普通的网民，在网下是一个聆听者；在网上是一个讨论者，在网下是一个询问者；在网上是一个解答者，在网下是一个整理者；在网上是一个服务者；是一个网络建设者；也是一个联系网络与现实的沟通者。有学者认为，辅导员搞好网络思想政治教育就要：把对学生组织的管理和网络虚拟群体的形成相结合，把专题网站建设和辅导员个人网站建设相结合，把网络行为引导和日常行为规范相结合，积极加强大学生心理健康教育。

除了上述关于辅导员如何有效开展某种具体的思想政治教育工作的论述外，沈玉峰论述了高校公寓辅导员如何做好思想政治教育工作，其提出转变观念，把思想政治教育工作寓于为广大同学的服务中；"以人为本"，把思想政治教育工作寓于对广大同学的严格教育管理中；更新理念，把思想政治教育工作寓于广大学生的自我服务、自我教育和自我管理中；积极引导，把思想政治教育工作寓于公寓管理制度中；创设环境，把思想政治教育工作寓于健康向上的公寓文化中。邹伶俐和季晓辉论述了新时期辅导员如何开展医学生的思想政治教育：献学生爱心，是做好辅导员工作的核心内容；给学生公心，是做好辅导员工作的前提条件；树学生信心，是做好辅导员工作的有力保证；塑学生职业心，是做好辅导员工作的重要思想；让学生舒心，是做好辅导员工作的必要手段。姚薇和杨邦翔提出，辅导员要把生命教育作为思想政治教育工作第一视角，并提出把生命教育作为思想政治教育工作第一视角的目标，包括培养学生珍爱生命存在；帮助学生树立人生信仰；教育学生实现自我、超越自我。把生命教育作为思想政治教育工作第一视角必须遵循以下原则：科学精神与人文精神相统一的原则；认知、体验与实践相统一的原则；发展、预防与预相统一的原则。发展，是关注每个学生的健康成长，而辅导员在思想政治教育工作中进行第一视角的生命教育，应注重以下几点：注重生命的独特性与整体性、自主性与社会性、现实性与体验性、多样性与生成性。

四、辅导员队伍建设

辅导员的质量如何直接关系到辅导员能否有效地开展思想政治教育工作。因此，针对当前辅导员队伍的现状和存在的问题，学者开展了关于辅导员队伍建设问题的探讨。其主要包括三个方面：一是从总体上论述如何进行辅导员队伍建设；二是根据辅导员队伍的现状和存在的问题，展开如何建设的探讨；三是根据辅导员应该具备的素质，探讨如何建设辅导员队伍。

（一）从总体上论述如何进行辅导员队伍建设

关于如何进行辅导员队伍建设，郭剑林和洪文建就辅导员制度提出：明确辅导员的定位和岗位职责；走职业化、专业化发展道路；解决长期困扰辅导员队伍的地位和待遇问题；建立健全辅导员教育培训体系。田伟和丛潜就学生思想政治教育工作专职辅导员队伍建设提出：党委重视，明确指导思想；配齐配强，满足工作需求；精心培养，提高队伍素质；明确职责，实现培养目标；落实政策，解决后顾之忧；定期考核，保证工作质量。周磊和吴绵超认为，切实加强和改进辅导员队伍建设就要：构建辅导员资格认证机制，进一步完善辅导员职称评定体系，进一步完善辅导员激励机制。曾中良提出，加快辅导员队伍建设步伐，就要采取切实措施，加大工作力度，如坚持标准、严格选拔，确保辅导员队伍的基础素质；加大培训力度，不断提高队伍素质；制定政策措施，不断完善激励机制；加强对辅导员队伍的管理与考核和工作督察制度。

（二）根据辅导员队伍的现状和存在的问题，展开如何建设的探讨

赵庆典和李海鹏根据我国高校现有辅导员队伍的类型及特征，提出了加强辅导员、班主任队伍建设的有效途径，并指出不断提升他们的工作能力和水平，是加强辅导员、班主任队伍建设的重要任务。为此，要不断开拓提高辅导员、班主任政治、业务素质及其能力和水平的有效途径。提高辅导员、班主任队伍整体素质还需要提供政策、条件保障。切实加强高校辅导员班主任队伍建设，开创大学生思想政治教育新局面就要：明确工作职责，完善工作体系；加强自身建设，提升整体素质；搭建交流平台，加强队伍培训；加大政策

支持力度，解决实际问题。沈自友认为，创新学生思想政治教育工作思路，促进高校辅导员队伍建设就要：其一，建设一支专职化辅导员队伍，包括职业化建设和专业化建设；其二，不断更新观念，拓宽辅导员出口渠道；其三，整合高校优势资源，探索辅导员队伍建设新模式。庄建锋根据辅导员队伍现状，提出加强学生政治辅导员工作队伍的措施是：科学定位；科学的选拔和专业化培养，如严格的选留制度、系统培训、高校开设辅导员专业；职业化发展，如明确职责范围、加强考核管理与建立奖惩制度等。

（三）根据辅导员应该具备的素质，探讨如何建设辅导员队伍

关于这个问题，学术界集中论述的有两方面：一是辅导员应该具备的素质；二是如何加强辅导员队伍建设。

1. 辅导员应该具备的素质

对于这一问题，不同学者有不同的认识。但是，学术界基本都认为辅导员应该具备的素质有：政治素质、品德素质、创新素质、身体心理素质，科学文化素质、业务素质、研究能力等。

至于各种素质所包含的内容，以及如何提升辅导员的诸多素质，不同学者也有不同的认识。

2. 如何加强辅导员队伍建设

虞金仁和李祥军提出，网络思想政治辅导员队伍，必须具备坚定的思想政治素质；必须具备创新能力、探索精神和挑战精神；必须具备与时俱进的精神；必须具备一定的网络技术和技能及网络沟通能力与技巧。赵振华和张树启认为，高校思想政治辅导员应具备的素质有：思想道德素质、科学文化业务素质、较强的组织管理素质、良好的身体心理素质、较强的创新精神及实践能力。高校思想政治辅导员提高素质的方法是：学校要真正为辅导员提供必要的、宽松的成长环境；辅导员要转变思想、更新观念，积极树立以培养学生"创新精神和实践能力"为重点的素质教育观、人生观、质量观；辅导员要真正实现"三个转变"，切实提高自身的业务水平能力；辅导员要牢固树立全心全意为学生服务、为学校的发展建设服务的思想。宋晓丽认为，辅导员的政治素质主要表现在四个方面：具有科学的世界观和方法论；要自觉运用马克思主义的立场、观点和方法，去引导学生正确地认识社会人生；要坚持习近平新时代中国特色社会主义思想的重要思想，这是全党、全国人民的政治原则和指导思想；爱祖国的思想和情感。其还认为辅导员的职业道德素质包括：爱学生、爱学生工作；平等待人、团结互助育人；严于律己、为人师表。其还认为，辅导员的智能结构素质和心理素质包括：意志品质要坚强；心胸应开阔、宽广，要有"卒然临之而不惊，无故加之而不怒"的胸怀；要有平常心，正确地看待自己的工作。韩高专门论述了如何提高非思想政治专业政治辅导员的素质问题，其认为需要做到：加强理论学习，以科学的理论武装非思想政治专业政治辅导员的头脑；拓宽知识面，提高非思想政治专业政治辅导员的创新能力；注重科学研究，探索思想政治教育的方法和规律；系统学习心理学知识，提高

正确解读、矫正心理问题的能力；注重个人仪表，规范自己的言行；学校应为非思想政治专业政治辅导员的成长提供相应的条件。

第二节　高校思想政治教育队伍建设问题的研究

关于高校思想政治教育队伍一般问题的研究，学术界关注的问题主要有：新形势下高校思想政治教育队伍建设的现状及存在的问题；高校思想政治教育工作者的素质构成及其研究；加强大学生思想政治教育队伍建设等。此外，学者就高校思想政治教育队伍建设问题，还讨论了以下问题：大学生思想政治教育工作队伍的专业化、职业化建设；高校思想政治教育工作者的继续学习问题。

一、新形势下高校思想政治教育队伍的现状及存在的问题

关于这个问题，学者主要是针对高校思想政治教育队伍及建设所存在的问题和原因而展开的。对于这些问题的充分分析说明了加强高校思想政治教育队伍建设的必要性。

（一）目前高校思想政治教育队伍所存在的问题

学术界较为一致的看法是：高校思想政治教育队伍的现状是数量不足、结构不合理、队伍不稳定、缺乏活力、整体素质不高。蓝艳也提出了相同的观点。冯林等分析了高校网络思想政治教育工作者素质现状：政治立场不够坚定、计算机网络技术知识较为贫乏、知识结构比较单一、教育方法过于传统、工作不太投入。造成这些问题的客观原因是：管理机制不完善、硬件保障欠缺、缺乏良好的社会舆论环境。主观原因是：僵化、陈旧的思想政治教育工作观念，淡化并忽视了网络条件下思想政治教育工作的重要性和存在的必要性与必然性；对网络条件下思想政治教育工作的内容、方法乃至整个理论体系研究不够，对网络思想政治教育工作开展缺乏紧迫性；自我中心意识的惯性导致了新形势下思想政治教育工作者的不适应性；深受传统灌输式应试教育的影响和长期的计划经济观念的束缚，个人的创造性没有得到张扬，创新意识较为淡薄，创造性思维欠缺，创造能力比较差，对形势变化和未来社会的应变能力很不足；思想政治教育工作者自身素质不过硬。徐子勇认为，当前高校思想政治教育队伍中存在的问题是：其一，对学工队伍建设存在误区，一方面，对学工队伍建设重视不够；另一方面，对学工队伍管理不到位，职责不明确。其二，对思想政治教育工作认同感不强，主动提高自我素质做得不够。其三，学历层次低，知识结构失衡，不利于大学生工作开拓创新。其四，缺乏事业发展空间。此外，雷随斌认为，高校思想政治教育队伍存在着严重的问题，主要表现在：队伍不稳定，工作效率不高；人员结构不合理，整体战斗力较弱；专业素质较低，不能适应新时期高校思想政治教育工作的需要。

（二）高校思想政治教育队伍建设中存在的问题

当前高校思想政治教育工作队伍建设存在的问题是：专业教师队伍与德育教师资源未整合，德育、智育"两张皮"现象仍存在；思想政治理论课教师和哲学社会科学课教师整体力量薄弱，哲学社会科学课教师没有发挥育人优势；专职思想政治教育队伍现状令人担忧；心理健康教育教师的整体力量还未形成；内部资源整合不够。郝文斌认为，当前高校思想政治教育队伍建设中存在的主要问题是：年龄结构、学科结构不尽合理；人员流动快、波动性较大；选拔、考核机制不够健全；师德师风方面还存在问题；工作覆盖不到位、研究不深入。陈刚等提出，高校思想政治教育队伍建设中存在的问题是：整体数量有待于适当增加；年龄结构尚需进一步优化；工作职责需要进一步明确；综合素质有待于进一步提高；相对稳定性有待于进一步改善。

王雁认为，从高校思想政治教育队伍的建设来看，有些高校对这支队伍的建设缺乏足够的重视。从高校思想政治教育队伍自身状况来看，其素质不适应、队伍不稳定是两个比较突出的问题。高庆喜认为，高校思想政治教育工作队伍建设主要存在：机制不够健全、人员不够稳定、效果不够显著、素质不高等问题。孙书光认为，高校思想政治教育工作干部队伍建设所存在的问题是：其一，在形式上普遍重视，但实际上地位不高。这表现在：有的领导和教师对这支队伍不够重视；过于强调学术，甚至忽视教学，忽视思想政治教育工作；与专任教师的待遇相差太大。其二，缺少政策上的保障，致使在工作中积极性不高，如队伍建设和开展活动经费不足；个人发展和未来前途不明。其三，缺乏系统的教育和培训，致使客观上队伍素质不高。

二、高校思想政治教育工作者的素质构成及其研究

（一）高校思想政治教育工作者应该具备的素质

学术界主要有三种观点：三素质说、四素质说和五素质说。三素质说认为高校思想政治教育工作者的素质包括：政治思想素质、知识素质、能力素质。四素质说分为两种，一种认为高校思想政治教育工作者的素质应包括：具备一定的马列主义基本知识，有明确的政治方向和基本的政策水平，有较强的政治分辨能力；具有高度的责任心和良好的行为规范；善于研究工作对象的共性和特性；具有较强的管理能力，一定的自制能力，讲究工作方法的艺术性。另一种认为高校思想政治教育工作者的素质包括：政治素质、人格素质、理论素质和能力素质。五素质说认为高校思想政治教育工作者应该具备的素质有：政治素质、思想素质、知识素质、信息素质、专业能力。可见，学术界较为一致认可的素质有：思想政治素质和技能素质等。

（二）高校思想政治教育工作者提高素质的途径

王勉则认为，需要高校思想政治教育工作者做到：热爱本职工作，加强师德建设，树

立良好的人格形象；加强学习，拓宽知识面，提高自身的综合素养；积极探索新生事物，努力适应形势发展，培养自身综合能力；掌握现代信息知识，提高信息技术应用能力，促进思想政治教育工作的现代化；着力提高心理学知识，有意识地加强心理素质教育。彭莉提出，高校思想政治教育工作者的素质建设需要：加强教师队伍的思想道德建设，充分发挥教书育人的功能；加强学生思想政治教育工作专兼职队伍的业务素质建设，不断提高管理育人水平；加强学生思想政治教育理论队伍的政治理论素质建设，切实发挥主渠道作用。韩建民认为，高校思想政治教育工作者的素质培养一般要从以下几个方面做好工作：一是脱产培训，提高学历层次；二是做好在职岗培训；三是鼓励高校思想政治教育工作者积极开展科学研究，不断提高理论水平；四是经常组织高校思想政治教育工作者到一些思想政治教育工作开展较好的学校参观访问，学习先进，了解国情，认识社会；五是高校思想政治教育工作者素质的提高，外部的条件很重要，但最终还是取决于高校思想政治教育工作者自身的自觉学习、自我修养。

三、加强大学生思想政治教育队伍建设

关于如何加强大学生思想政治教育队伍建设，学术界主要围绕大学生思想政治教育队伍的构成、管理、对建设的主观认识、高校思想政治教育工作者的工作、思想政治教育工作者本身、队伍建设的机制等方面展开讨论的。

罗远忠认为，加强大学生思想政治教育队伍建设的举措是：坚持高标准、严要求，培养和提高德育队伍的基本素质；从实际出发，建设适应多层次要求的队伍结构；发挥才智，搞好思想政治教育的系统工程。要实现这些必须做到：第一，要研究在高校管理工作中如何实现思想政治教育的科学价值；第二，要研究如何向高校综合治理延伸，提高思想政治教育的法制效能；第三，高校思想政治教育与教学工作、专业工作的结合。蓝艳认为，加强大学生思想政治教育队伍的建设就要：建立一支结构合理的大学生思想政治教育队伍。这需要在专兼结构、学历结构、年龄结构等方面加强建设。王树荫认为，大学生思想政治教育队伍建设的方式是建立学习、工作、研究相结合的模式。第一，学习与培训必须制定相关的政策，设立相应的机构，通过长期的与短期的、正规的与业余的、初级的、中级的、高级的、多层次的教育与培训，造就一支政治强、业务精、作风正的高素质的思想政治教育工作队伍；第二，要在实际工作中大胆使用大学生思想政治教育工作人员，并且切实关心他们的切身利益；第三，大学生思想政治教育工作者应当具有一定的研究能力，即对思想政治教育工作的经验、本质和规律的总结、分析和探索，这是搞好高校思想政治教育工作的重要前提条件，也是提高高校思想政治教育工作水平的必由之路。童静菊提出，加强大学生思想政治教育队伍建设，形成大学生思想政治教育合力的措施与对策是：树立科学的教育观，发挥全体教师的育人作用；加强思想政治理论课教师和哲学社会科学课教师队伍建设；建设一支专家化、专业化、职业化的专职政工队伍。

徐子勇专门讨论了大学生思想政治教育队伍建设的长效机制问题，其认为建立长效机

制就需要：坚持科学发展观，确立学工队伍建设目标。其中，学工队伍建设的重点是提高其工作者素质；学工队伍建设的途径实行专业化管理；学工队伍实行职业化管理，建立职业化机制；学工队伍建设的方式是建立学习、工作、研究相结合的模式。建立科学机制，稳定学工队伍，就需要：优化选拔机制，确保学工队伍的质量；强化竞争机制，调动学工队伍积、极性；建立流动机制，保持学工队伍的相对稳定；完善考核机制，提高学工队伍整体水平。陈刚等提出，新时期加强和学生思想政治工作队伍建设的对策是：健全领导体制，理顺思想政治教育工作机制；坚持标准，改善结构，进一步严格专职思想政治教育工作者选拔制度；加大培训力度，提高思想政治教育工作者的综合素质；与时俱进，进一步明确思想政治教育工作者职责；完善激励评价制度，充分发挥政策的导向作用；适度转岗分流，统筹规划思想政治教育工作队伍的职业发展；按照专兼结合的要求，进一步加强兼职思想政治队伍建设。王琳西认为，加强高校思想政治教育队伍建设的主要途径有：建设好高校思想政治教育的领导队伍，强化高校思想政治教育的专职队伍建设，加强兼职高校思想政治教育队伍建设。孙书光提出，加强大学生思想政治教育工作干部队伍建设所应采取的措施是：其一，切实贯彻相关政策，加强制度管理。例如，建立激励和保障机制，确保干部队伍的稳定；给以引导，适当分流；适当提高待遇，从政治上、工作上、生活上关心他们，在政策和待遇上给予适当倾斜。其二，行政工作领导应重视党建和思想政治工作。其三，要造就良好的氛围，进一步加强和改进大学生思想政治教育工作。其四，要不断加强自身建设，切实提高大学生思想政治教育工作干部综合素质。

四、大学生思想政治教育工作队伍的专业化、职业化建设

就加强高校思想政治教育队伍建设问题的探讨方面，学术界除了论述如何建设外，还专门探讨了思想政治教育队伍的专业化、职业化问题。至于专业化、职业化的重要性，学术界给予了一致的肯定。郝文斌和雷随斌等人认为，专业化、职业化是建设高素质学生思想政治教育队伍的必然选择和主要目标，是高校思想政治教育工作的本质要求。至于如何实现专业化、职业化，不同学者认识是不同的。王树荫认为，大学生思想政治教育工作队伍建设必须逐步走向专业化。大学生思想政治教育工作队伍建设的专业化要做到：以专职人员为主干，确保其充足的时间和精力用于本职工作；必须使广大思想政治教育工作者具备相关的专业知识和工作能力；要实行符合本专业特点的职务、职称管理制度，解决教师职务聘任问题，鼓励支持他们安心本职工作。另外，大学生思想政治教育工作队伍必须逐步实行职业化管理。这要求：具备崇高的职业理想；掌握过硬的职业技能。郝文斌认为，实现大学生思想政治教育工作队伍专业化、专家化的举措是：健全大学生思想政治教育工作队伍的选拔机制、考核机制、任用机制。

五、高校思想政治教育工作者的继续学习问题

随着知识经济的到来，社会知识更新加快，高校思想政治教育工作者的继续学习问题，

成为思想政治教育队伍建设的关键问题，也成为学术界关注的对象。对此，学术界关注的问题有：继续学习的重要性、必要性；继续学习的内容、形式和途径；如何进行继续学习的措施、保障。

（一）继续学习的重要性、必要性

姚志平认为，继续学习的必要性在于：是加强和改进高校思想政治教育工作的需要；是稳定高校思想政治教育工作队伍的需要；是社会经济发展的需要。谢志芳和宗伯君认为，社会和经济的发展对高校思想政治教育工作者提出了继续学习的要求；高校改革的深化和快速发展，使高校思想政治教育工作者的继续学习成为必然；终身教育思想的形成和广泛传播，促进了人们教育观念的转变。陈晓浪认为，高校思想政治教育所面临的环境发生改变；高等教育大众化对高校思想政治教育工作者要求更高；科技发展要求高校思想政治教育工作提高科技含量；思想政治教育学科研究亟待加强研究。

（二）继续学习的内容、形式和途径

杨晓东认为，高校思想政治教育工作者继续学习的主要内容有：马克思主义理论教育、专业知识教育、职业道德教育、创新能力教育、现代技术教育。而高校思想政治教育工作者继续学习的主要形式是：理论培训、在职学历进修、理论研究与学术交流。陈晓浪提出，高校思想政治教育工作者继续教育的内容和途径是：第一，加强政治理论的学习，提高思想素质和政策水平；第二，加强文化知识的学习，提高人文素质修养；第三，加强现代技术知识学习，提高创新研究能力；第四，加强理论联系实际，提高实践工作能力。

（三）进行继续学习的措施、保障

姚志平认为，高校思想政治教育工作者继续学习的措施是：领导重视、制定制度、经费投入、时间保证、长远规划。李剑英专门论述了高校思想政治教育工作者进行终生学习的问题：其一，应树立两种观念："教育就是服务"的观念、现代化的教育观念；其二，应具备四种能力：良好的语言表达能力、较强的组织能力、较强的创新能力、熟练运用现代化教学手段的能力；其三，强化两种意识：强化政治意识、强化法律意识。而进行终生学习的途径是：自主学习，工作实践，以学促研、以研促学，参加社区教育。谢志芳和宗伯君提出，高校思想政治教育工作者继续学习的措施是：第一，要提高高校思想政治工作者的认识，调动他们接受继续学习的自觉性；第二，要建立和完善继续学习的各项制度。陈晓浪认为，高校思想政治教育工作者继续学习的保障措施有：把建立一支素质较高的高校思想政治教育工作队伍放到重要的议事日程；建立高校思想政治教育工作者培训制度；加强高校思想政治教育学科建设；建立和完善考核激励机制。

第三章 经济变迁与高校思想政治教育研究

马克思主义认为，经济基础决定上层建筑。在社会结构中，高校思想政治教育无疑是属于上层建筑的。因此，它必然受到经济变迁的影响。20世纪90年代末以来，我国国内的经济发展进入新的阶段，同时世界经济发展也出现新的特征。伴随着上述情况的出现，学术界就经济变迁与高校思想政治教育问题展开了探讨。学术界讨论的主要问题有：市场经济条件下的高校思想政治教育研究；全球化背景下的高校思想政治教育研究；知识经济时代的高校思想政治教育研究等。

第一节 市场经济条件下的高校思想政治教育研究

自20世纪90年代初期，中国开始由计划经济体制向市场经济体制转变。经济体制的转变给人们生活带来了多方面的变化，更给高校思想政治教育所面对的环境带来了深刻变化。有新变化就有新要求，因此，市场经济给高校思想政治教育带来了什么影响，高校思想政治教育如何应对新变化就成为学术界关注的焦点。近年来，学术界围绕上述问题展开了论述。

一、市场经济条件对高校思想政治教育的影响

关于这个问题，学术界既讨论了市场经济给高校思想政治教育带来的正面影响，即市场经济带来的机遇，也分析了其带来的负面影响，即其形成的挑战。

（一）市场经济给高校思想政治教育带来的机遇

李刚认为，市场经济环境对大学生思想的影响是：竞争意识增强；自主意识增强；开放意识增强；法制观念增强。杨国君和李伟明分析了市场经济带来的人才观念的变化是：具有敬业精神，无悔自己的选择，喜欢所从事的职业，并愿意为之奋斗终生的人才，将受到用人单位的重用；社会工作能力强，善于与人合作，能正确处理各种社会关系的人才，将普遍受到社会的重用；谦虚谨慎，为人正直，遵守国家法令，不为自己和小团体牟取不正当的利益，具有时间观念，珍惜和合理利用每一份资源，珍惜劳动成果，敢于参与市场

竞争，承担风险涉足新的领域，既具有中华民族的传统美德，又具有市场经济观念的人才，将受到社会的重用；事事畏手畏足，不愿承担风险，不思进取的毕业生，不会受到社会的欢迎；身体健康，能承受社会工作压力的毕业生，将受到用人单位的欢迎。娄春婷认为，市场经济环境下当代大学生的思想变化及其特点受市场经济的影响，呈现出以下趋势：政治需求更加直接；成功需求更加强烈；文化需求更加多样；社交需求广泛。首先，他们更加关注社会的诸多实际变化和现实问题，并普遍认同中国特色社会主义理论实践和中国四十年来的改革开放所取得的成就；其次，受市场经济的影响当代大学生越来越关注权利，强调权利和利益。王金香认为，市场经济条件下大学生思想行为特点是：在思想观念方面，大学生对改革开放和建立社会主义市场经济体制表现出巨大热情与浓厚兴趣；他们深知祖国的振兴，除了正确的政策，还取决于现代科学技术的掌握和应用；普遍重视经济价值和物质利益。在生活方式方面，当代大学生的生活方式从大众化、一体化向个性化、多样化发展；生活方式向有竞争、有目标、空间广、节奏快的生活方式转变；注重物质和文化生活水平的提高，更加大胆热烈地追求美好生活。在行为方式方面，由于竞争意识、参与意识、独立意识的发展，他们关注国内外大事，敢于发表自己的见解，要求参与学校管理，要求他人尊重他们的民主权利和人格；思想活跃，兴趣广泛。张纯等认为，当前高校学生的特点是：参与意识强、自我主体意识强、注重应用性强的知识的学习、注重社会能力的培养、思想道德的主流是积极向上的。还有学者认为，市场经济对大学生思想政治素质的正面影响是：在政治思想上，大学生政治理想趋于实际；在价值观上，大学生重视自我价值的实现；在价值选择上，大学生选择呈现出多样性的特点。

（二）市场经济给高校思想政治教育带来的挑战

关于这一问题，学者认为市场经济给高校思想政治教育和大学生的思想认识、观念等方面带来了不利影响。李琳认为，市场经济给学生带来的变化有：一是有政治热情，但存在模糊认识；二是价值趋向为重物质利益，以自我为中心；三是参与意识增强，但心理素质较差；四是有强烈的求知欲，但易顾此失彼。周瑛慧认为其挑战为一是大学生价值观念已逐渐趋向价值主体自我化、价值取向功利化、价值目标短期化、实现价值的途径多样化转变。二是大学生对改革开放和社会主义现代化建设取得的巨大成就普遍深受鼓舞，但一些大学生对党的基本路线坚持一百年不动摇存有疑虑和困惑，对目前形势发展中出现的一些问题十分敏感，并存在一定的忧虑。王从江认为，市场经济环境下高校学生思想现状及特点是：理想信念淡化、政治素质平淡、道德观念淡化、价值取向的功利性；其产生的原因有：社会环境带来的影响、应试教育对学生的影响、社会舆论导向不利的影响。徐绪福从七个方面分析了其影响：自主意识、参与意识增强，或事不关己，高高挂起；保守思想越来越少；竞争意识增强，但组织纪律观念趋于淡化，滋生了不同程度的个人主义和无政府主义；成就期望较高，但缺乏扎扎实实的努力；好高骛远，缺乏从实际出发的精神；专业意识增强，选择趋向实用化；勇于追赶时代潮流，但未能摆脱世俗的影响。李宗云和高万玮认为，市场经济的飞速发展，激发了大学生强烈的爱国热情，但这种爱国热情急于求成、焦躁、不稳定、求全责备；市场经济条件下的有效竞争，促使大学生学习全面的知识，但对某些基础理论知识不够重视；市场经济条件下，因赢利、创收的吸引，使当代大学生更加务实求真，但也存在着"拜金主义"的倾向和浮躁思想；市场经济体制的建立，激发了大学生"实现自我"的激情，但同时也使其滋生了"极端个人主义"和"无政府主义"的倾向。

关于大学生思想政治教育面临的挑战，廖官生认为部分地方和高校领导对大学生思想政治教育工作的重要性认识不到位，没有把大学生的思想政治教育摆在首位，也没有将其贯穿于教学的全过程；高校思想政治教育与大学生思想实际结合不紧密，高校思想政治教育工作队伍思想不稳定、数量不足、素质不高、后继乏人问题未得到很好解决；全社会关心支持大学生思想政治教育的合力尚未形成。张莹和王建辉认为，在市场经济等客观因素和大学生自身主观特点的综合作用下，形成了当代大学生特有的矛盾表征：精神爱国与实际爱国行动相脱节；关心政治却缺乏辨别是非的能力；个人进取心增强了，但集体观念减弱了；想自立却不能自理。韩树霞认为，市场经济条件下高校思想政治教育面临的新问题有："功利主义"和"拜金主义"思想在大学生中仍有市场；缺乏明确的学习目的和人生理想；对政治理论学习不感兴趣；社会上某些错误思潮和消极丑恶现象正在侵蚀我们的校园。黄进提出，市场经济体制下的高校思想政治教育面临的挑战，主要有以下三个方面：价值观的丰富多样造成了教育引导的困难；思想的趋利倾向客观上导致了人们对物质价值的重视、对精神价值的漠视；思想教育对大学生的控制作用弱化。

经济转轨条件下，传统思想政治教育也暴露出了一些问题。李琳认为，传统模式的弊端是：传统的思想政治教育工作的职能与当今社会现实的要求不相适应，存在着滞后性；传统的思想道德规范与人们的思想实际不相适应；传统的思想政治工作的方法与当今人们内在精神世界的发展不相适应。黄进认为，计划经济体制下高校思想政治教育的弊端是：教育主体支配性和教育客体服从性的单一、单向模式化倾向明显；教育内容的片面化；教育过程的运动化；教育目标的神圣化。

二、市场经济条件下如何加强和改进高校思想政治教育

这是学术界关于市场经济与高校思想政治教育研究中关注的焦点问题。其主要是围绕：思想政治教育的观念、思路、模式、机制、内容、方法、原则、创新等方面展开对策研究的。其中，关于市场经济条件下高校思想政治教育的创新、必须坚持的原则、内容、模式转换和其他问题等是重点研究内容。

（一）市场经济条件下高校思想政治教育创新问题研究

关于这一问题，学术界主要是围绕内容创新、方法创新等展开讨论的。凌四立提出，

市场经济条件下搞好高校学生思想政治教育工作就要：第一，更新思想观念，即研究新情况，解决新问题；考虑各层次学生的需要；充实思想政治教育的新内容；牢固确立不唯书、不唯上、只唯实的观念；确立"作为"与"地位"双向互动的观念。第二，创新工作方法，即虚功实做；文火细雨；渗透融合；锲而不舍；重心下沉，双向交流；由"小政工"向"大政工"转变。娄春婷认为，新形势下大学生思想政治教育必须注重创新：第一，要赋予高校思想政治教育工作新的内涵。坚持以人为本，发挥舆论引导、思想引领、精神激励、道德教化、文化熏陶的功能和作用；要注重和谐发展；协调利益关系；激发创造活力。第二，要拓展思想政治工作的领域，包括理想信念教育、人文素质教育、心理健康教育。第三，教育手段和方法的创新。其主要途径有：建立健全校园网，用正确、积极、健康的思想文化占领校园网络教育阵地；利用网络优势和多媒体技术，改进教育教学方法。冯晓慧认为，改进与创新高校思想政治教育就要：改变单一的"结论式"教育模式，着重提高学生的判断力；由"一刀切"向分层次转变，建立"多维一元"的思想政治教育目标体系；由远、空、浮向近、实、深转变，把思想政治教育的着眼点放在解决现实问题上；高校思想政治教育工作可以从多方面入手，采用不同的形式和方法；改进高校思想政治教育工作还必须重视和加强心理健康教育。

还有学者提出，市场经济条件下高校思想政治教育的革新包括：第一，创新高校思想政治教育内容。首先，要明确高校思想政治教育的指导思想；其次，对大学生要加强尊重个人合法权益与承担社会责任相统一的思想教育；再次，要加强主体意识教育，培养大学生的自主性，要加强平等意识的教育，培养大学生公平观念；最后，要教育大学生正确处理效率与公平的关系。第二，创新高校思想政治教育途径。首先，在继承优良传统中不断开拓创新；其次，引导大学生积极投身社会实践，使大学生亲身体验社会主义市场经济带来的影响；再次，在思想政治的教育方式上，要开展多层次、多形式的教育活动，构建高校思想政治教育的有效机制，形成全员育人的局面；最后，树立大学生主体意识，革新教育方法，提高思想政治教育的实效性。

（二）市场经济条件下加强和改进高校思想政治教育必须坚持的原则

欧雅洪论述了运用激励机制的基本原则："以人的发展为本"的原则、满足和引导需要原则、建立良好的"隐性教育课程"原则、公平公正原则、内外激励相结合原则。王凤琴提出了市场经济条件下高校思想政治教育十大原则：理论教育与解决热点问题相结合，集中教育与日常教育相结合，专门教育与"三育人"相结合，外在教育与自我教育相结合，普遍教育与典型教育相结合，校内教育与校外教育相结合，思想教育与行为管理相结合，教育引导与心理辅导相结合，突出特色与围绕中心相结合，继承延伸与改革创新相结合。李亚芬认为，市场经济条件下加强和改进高校思想政治教育就要遵循中共中央、国务院颁发的《关于进一步加强和改进大学生思想政治教育的意见》，提出了贯彻落实大学生政治思想教育的六条原则：坚持教书与育人相结合，坚持教育与自我教育相结合，坚持政治理论教育与社会实践相结合，坚持解决思想问题与解决实际问题相结合，坚持继承优良传统与改进创新相结合，坚持教育与管理相结合。郑海川认为，市场经济条件下，高校思想政治教育必须坚持正确的原则：疏导原则；理论联系实际，讲求实效，解决实际问题原则；思想政治教育与管理相结合原则；加强党对思想政治教育工作领导原则。

（三）市场经济条件下如何从内容方面加强高校思想政治教育

学术界比较一致的看法是要加强爱国主义、社会主义和集体主义教育；加强革命人生观、价值观的教育；社会主义道德和法制教育是市场经济条件下思想政治教育的主要内容。郑海川认为，市场经济条件下，要坚持不懈地对高校学生进行思想政治教育：要加强邓小平理论教育、理想信念教育、爱国主义教育、道德教育、纪律教育。李红星提出，市场经济条件下加强大学生的思想政治教育对策是：加强社会主义义利观教育、加强社会公德教育、加强对大学生的人文教育、加强对大学生心理素质的培养。周洁认为，市场经济条件下的高校思想政治教育进行以下几方面的教育：党的基本路线和中国特色社会主义理论教育；爱国主义、社会主义和集体主义教育；革命人生观、价值观的教育；社会主义道德和法制教育。李吉祥等认为，市场经济条件下思想政治教育的重点应该是通过政治理论课和形势课的教育，引导学生掌握马克思主义辩证唯物主义与历史唯物主义的立场、观点和方法，并以此观察、认识各种问题，提高分析和解决问题的能力。李刚提出，在改革开放、发展社会主义市场经济的新形势下，高校思想政治教育的内容主要有：世界观教育、政治观教育、人生观教育、民主与法制观教育。廖官生认为，市场经济条件下大学生思想政治教育的内容有：以理想信念教育为核心，坚持进行世界观、人生观和价值观教育；以爱国主义教育为重点，深入进行民族精神教育；深入开展《公民道德建设实施纲要》教育；对大学生开展素质教育。王建华和江凤兰提出，市场经济条件下加强大学生的思想政治教育就要：其一，注重大学生马克思主义世界观的培养。首先，要以邓小平理论和"三个代表"的重要思想为指导；其次，要坚持理论联系实际的原则；最后，要走又红又专的成才道路。其二，开发精神宝库，突出主旋律教育。主旋律教育是指爱国主义教育。其三，加强法律基础课程的教学。其四，进行发扬艰苦奋斗革命精神的教育。李先海等认为，要教育大学生树立正确的理想信念、树立与市场经济相适应的集体主义精神、树立正确的金钱观、树立正确的竞争意识。

（四）市场经济条件下高校思想政治教育的模式转换

黄进提出，构建市场经济体制下高校思想政治教育模式就要：更为实际地认识思想政治教育的目标、地位和作用；充分调动思想政治教育主体的积极性和客体的自主性，建立新型的高校思想政治教育主客体关系；引入传统的教育资源和教育方法，以及西方优秀的文明成果，丰富高校思想政治教育的内容；注重思想政治教育手段的多样性，避免"空头政治"；注重思想政治教育的柔性教育与刚性管理的结合，使教育过程更为实际，效果也更明显。其还提出并论述了市场经济条件下的"一一三四五"模式：一条主线，一个中心，三个主义，四个特征，五种方法。具体内容为：一条主线——用邓小平建设有中国特色社会主义理论作为教育学生的主线；一个中心——围绕学校工作以培养合格加特色人才为中心；三个主义——坚持以社会主义、集体主义、爱国主义教育为思想政治教育的主题；四个特征——把握当代大学生思想道德和行为方式的四个特征；五种方法——掌握"五结合"的工作方法。"五结合"表现为：启发诱导与营造氛围相结合，示范引导与强化激励相结合，突出重点与带动一般相结合，正面教育与规范行为相结合，严格要求与情感注入相结合。

（五）市场经济条件下高校思想政治教育其他问题的研究

学术界从市场经济条件下高校思想政治教育的队伍建设、目标确定、观念构建等方面进行了论述。周瑛慧认为，市场经济条件下高校学生思想政治工作，在工作方法上，要转变呆板封闭的方式，拓展新领域，运用新载体，增强说服力、感染力；认清形势，明确任务。张纯等认为，要根据市场经济条件下大学生的特点，加强和改进思想政治教育，这要求从思想上认识高校思想教育工作的全员性、全面性、全程性；加强阶段性教育；强化各种教育手段，建立完善的教育体系，力争做到全员教育、全面教育、全程教育；强化教书育人的思想；在教育过程中要给学生以正确的引导；要加强服务意识。王从江提出，市场经济条件下大学生思想政治教育工作的着眼点是：加强学生理想信念教育，用邓小平理论武装大学生头脑；进行爱国主义教育；加强校园文化建设；加强制度建设，严格管理。韩树霞认为，大学生思想政治教育要主动适应市场经济；要有明确的指导思想；坚持以尊重人、理解人、关心人与教育人、培养人、提高人相结合的原则，努力提高思想政治教育工作的效果；要建设一支高素质的高校思想政治教育工作队伍。具体就要：首先，各级党的组织应高度重视高校思想政治教育工作队伍建设，要把能全心全意为人民服务、有坚定的共产主义信念、勤政廉政、密切联系群众、有强烈责任心的人选到高校思想政治教育工作队伍中去；其次，高校思想政治教育工作者要热爱本职工作，把高校思想政治教育工作看作党的事业的组成部分，有与群众密切联系的情感和急群众之所急、想群众之所想的务实的工作作风；再次，高校思想政治教育工作者应有较高的政治素质和较全面的社会学、心理学、管理学、自然科学的知识，而且必须善于学习。李刚认为，适应市场经济的变化，改进高校思想政治教育工作就要：在指导思想上，重视对大学生的思想教育工作；在思想教育内容上，要适应国内外形势发展的需要，拓宽思想教育的内容。张莹和王建辉提出，社会主义市场经济条件下高校思想政治教育应采取以下措施：加强学风建设，营造良好的大环境；抓好"两课"教育，巩固学生科学理论基础；开展丰富多彩的校园文化活动，社会实践活动；完善竞争机制，强化激励机制。徐绪福认为市场经济条件下高校思想政治教育应采取的对策是：思想重视，认识到位，增强教育的紧迫感；不唱一样的戏，不吃同样的饭，高校思想政治教育要分类分层；不能一本经念多少年，以不变应万变，高校思想政治教育应充满时代感；抓现实的、具体的内容，对大学生进行人格教育；讲究教育的艺术，力争达到"随风潜入夜，润物细无声"的效果；打铁需要本身硬，教育者首先要爱教育，思想政治教育工作者必须注重自身素质的提高；注重校风、系风、班风建设，形成一种良好的"小气候"。李亚芬针对市场经济条件下高校思想政治教育的特点，提出：既要坚持正确的政治方向，又要适应市场经济法则；必须坚持以人为本，以德为先；必须坚持教书与育人相结合的共识和理念；必须把三个有利于作为大学生思想政治教育工作效益的根本标准；必须不断探索新的途径和方法，努力实现高校思想政治教育方法的科学化、艺术化。

第二节　全球化背景下的高校思想政治教育研究

20世纪90年代以来，世界经济发展的一大特点就是经济全球化趋势的加快。经济全球化对世界经济、政治、社会、文化等都造成了深刻影响。随着中国社会经济的发展，中国意识到融入世界经济的重要性。随着中国正式加入世界贸易组织（WTO），中国融入世界经济的步伐也逐步加快。中国融入世界，给中国社会各个方面都带来了深刻影响，其中高校思想政治教育也不例外。于是全球化到底对高校思想政治教育带来了什么影响，在这种背景下如何加强高校思想政治教育就成为学术界关注的焦点问题。

一、全球化对高校思想政治教育的影响

随着中国走向世界，中国的政治、经济、文化、社会等各个方面必然要面临全球化带来的一系列新影响。学术界一致认为，全球化对高校思想政治教育带来了深刻影响，这种影响既有正面的机遇，也有负面的挑战和在全球化背景下暴露出的新问题。

（一）全球化为高校思想政治教育来的机遇

关于这个问题，学者主要是围绕全球化对高校思想政治教育的空间、模式构建、途径、思想观念、环境、内容、创新，以及对大学生方面所形成的正面影响而展开论述的。王宏彬提出，经济全球化给高校思想政治教育工作带来的机遇：促进大学生进一步解放了思想，更新了观念；带来了更加丰富的教育内容；扩大了学生的知识范围；丰富了高校思想政治教育工作的内容。王生卫和张正扬认为，全球化给高校思想政治教育工作提供了机遇：其一，进一步促进了思想的解放和观念的更新。其二，强化了高校思想政治教育工作手段的创新。这体现在：拓展了高校思想政治教育工作的空间和渠道，为高校思想政治教育工作法制化、制度化奠定了基础；高校思想政治教育工作中主体的自我参与意识在不断加强，而传统工作中强制灌输和被动接受的方式正在弱化。其三，优化了高校思想政治教育工作环境。这表现在：提供了良好的社会环境，完善了学校物化环境和校园文化环境。其四，为高校思想政治教育工作注入了新的内容。这主要是：注入了经济文化发展的内容；现代

科学技术不仅成为促进思想教育的重要手段，也成为思想政治工作的重要内容之一；西方发达国家的文化、思想观念及生活方式进入校园，成为高校思想政治教育工作的重要内容。卜以江认为，全球化给高校思想政治教育工作带来的新机遇是：全球化为高校思想政治教育工作拓展了空间，促进了高校思想政治教育工作模式和途径的创新，凸显了高校思想政治教育工作的地位与作用，提升了高校思想政治教育工作的支撑力量，有利于激发大学生的民主精神、创新意识。张敬斌和宾文高提出，全球化为高校思想政治教育的创新提供了新机遇：全球化为高校思想政治教育工作的创新提供了坚实的物质基础；全球化为高校思想政治教育工作的创新提供了开放的国际大环境；全球化使高校思想政治教育工作得以进一步解放思想和更新观念；全球化为高校思想政治教育工作的发展和创新提供了丰富的内容；全球化为高校思想政治教育工作的开展和创新提供了良好的软环境。贾淑瑛提出，全球化给高校思想政治教育带来的新机遇是：其一，对大学生的积极影响，即有利于培养大学生的全球意识，有利于增强大学生的竞争意识，形成大学生的节约意识；其二，全球化为高校思想政治教育的开展创造了有利条件，即全球化丰富了高校思想政治教育的内容，改进了高校思想政治教育的方法，拓展了高校思想政治教育的时空。李玲芬认为，全球化对高校思想政治教育的机遇是：拓宽了青年学生的文化视野，促进了青年学生理性思维的形成。贠江波从高校思想政治教育的主体、客体和环境等方面分析了全球化带来的机遇：其一，全球化给高校思想政治教育工作主体带来了新机遇，即提高了高校思想政治教育主体的知识水平，给高校思想政治教育工作主体带来了新的教育理念和教育方法；其二，全球化给高校思想政治教育客体带来了机遇，即促进了大学生现代化价值观念的形成，使大学生的思想进一步解放了，使他们树立了公平公正的社会正义感，进而在各种竞争中建立符合社会发展的与时代要求相适应的道德规范；其三，全球化对高校思想政治教育环境带来了积极影响，即对高校思想政治教育环境导向和渗透性产生积极影响。

（二）全球化对高校思想政治教育带来的挑战

学术界不仅肯定了全球化带来的机遇，而且比较充分地分析其带来的挑战和造成的问题。关于挑战的研究，学术界比较一致的看法是：全球化对意识态、思想道德观念、社会文化、国家主权和安全，以及思想政治教育的内容、手段等都构成了挑战。郑逸芳提出，全球化趋势给高校思想政治教育带来了新课题：首先，全球化为西方发达资本主义国家对我国的思想文化渗透提供了便利条件。当前网络媒体中主要有三大类信息在侵蚀毒害着大学生：一是资本主义的世界观、人生观、价值观；二是有害大学生身心健康的伦理观、道德观及黄色流毒；三是制造社会、政治、经济混乱的黑色通道。其次，经济全球化呼唤着"创新型"人才。最后，经济全球化下各种非马克思主义价值观念也会影响教师的思想观念。王宏彬认为，全球化给高校思想政治教育工作带来的挑战是：意识形态的斗争将出现前所未有的复杂性；中西文化价值冲突更为直接剧烈；非主流意识形态对主流意识形态形成一定程度的冲击。丁红镭提出，在全球化过程中，各种不同观点、不同文化、不同价值观，甚至消极、不健康和反动的言论不可避免地大量涌入，这无疑会对高校师生的思想、观念和心理等方面产生巨大的影响；"俱荣俱损"的全球化促使"两制"间的交流、合作与融合加强，这不可避免地会动摇那些意志力不坚强及涉世未深的学生的理想信念，从而出现理想信念上的迷茫和失落；由于意识形态的根本对立，西方敌对势力借"经济全球化"契机大肆对我国进行意识形态的渗透，诱导一部分大学生表现出不同程度的价值观迷茫、行为失范；全球化削弱了国家的概念，使国家主权地位受到挑战，从而弱化了大学生的国家意识和爱国情感，使爱国主义教育受到挑战。王建社分析了全球化给高校思想政治工作带来的挑战：其一，东西方文化的交流与碰撞，使西方意识形态的渗透和侵蚀变得无孔不入；其二，现代信息技术的迅速发展，特别是因特网的普及，使大学生接收信息的渠道进一步拓宽，使思想政治教育处于一个全新的环境；其三，人才资源的竞争和大学生的就业问题将面临双重考验；其四，社会结构的调整和大学生学习、生活方式的变化，给高校思想政治教育工作提出了新要求。张宗磊和李贵认为，全球化对社会主义国家的挑战有：其一，全球化对社会主义国家经济建设的挑战。其表现为：一是对社会主义国家经济建设方式的挑战，使所有的社会主义国家不能沿袭过去关门搞建设的做法，必须融入全球化的潮流中，参与国际经济合作与交流；二是对社会主义国家经济发展的量与质的挑战，从量上看，社会主义国家在世界经济的总量中所占的比重太轻；从质上看，社会主义国家以传统的农业经济和工业经济为主，经济运行质量不高，在国际竞争中的力度不强。其二，全球化对社会主义国家民主政治建设的挑战。其表现为：一是要求社会主义国家加快法治化的进程，以法律来规范经济生活和社会生活；二是社会主义国家必须坚定地捍卫自己的主权，即必须反对资本主义国家以种种借口干涉社会主义国家内政的行为，反对它们分裂和颠覆社会主义国家的图谋。其三，全球化对社会主义国家文化建设的挑战。其表现为：要求社会主义国家以强有力的措施拒绝资本主义世界的文化垃圾，把西方资本主义的价值观及一切同社会主义制度不相适应的文化观念排斥于国门之外。周丽霞和钱佩忠认为，全球化不仅对高校思想政治教育本身产生了深刻的影响，而且对高校思想政治教育的教育者和被教育者的影响也是广泛与深刻的：教育者将面临新的现实；被教育者群体发生变化。张坚强和李恒川分析了全球化背景中高校思想政治教育的伦理困境：其一，重视社会发展价值，忽视人的发展价值；其二，重视教育者的主导和灌输作用，忽视受教育者的主体性地位；其三，重视整齐划一的标准化教育，忽视人的差异性和个性教育；其四，重视知识和规范教育，忽视情感教育；其五，重视教育管理职能，忽视教育的服务职能。陈方平认为，全球化背景下高校思想政治教育工作面临的挑战是：在市场经济条件下，一些大学生的思想道德标准发生了偏差，其认为全球化就是讲物质利益，讲实惠，重金钱；有人认为经济全球化意味着生产要素在世界范围内进行最优化的配置、寻求最大的市场，以获得最大的经济利益；部分大学生以"专门"人才代替"合格"人才。王生卫和张正扬分析了经济全球化对高校思想政治工作带来的冲击。对大学生意识形态的冲击：西方发达国家的各种意识形态不断渗透到高校大学生的头脑中；对大学生价值观造成了冲击：西方国家所主张的民主、自由、平等、人权、法治等价值观就自然渗入学生的头脑中了；对大学生生活方式构成冲击；对大学生理想、信念构成冲击；对传统爱国主义情感构成冲击：一些人传统的爱国主义情感逐渐消逝，国家利益观念逐渐模糊，爱国情感逐渐淡化，对中华民族悠久历史和灿烂文化的情感冷漠，民族自尊心和自豪感也逐渐消退。韩丽丽和郝志群认为，全球化对高校思想政治教育的新挑战有：国家主权受到挑战，影响大学生社会主义和爱国主义旗帜的高扬；西方意识形态渗透进一步加剧，大学生人生观和价值观等直接受到挑战；政府控制传媒的难度增大，不利于大学生思想政治素质的提高。崔东升认为，经济全球化给高校思想政治教育带来的新问题是，有相当一部分思想政治教育工作者存在着以下认识误区：一是教导式地理解"不争论"；二是用办实事代替解决思想问题；三是用娱乐活动代替理论教育；四是用制度管理代替思想引导。蔡丽华提出，经济全球化趋势给高校思想政治教育带来了新的课题：经济全球化将削弱国家、民族的概念，影响爱国主义精神的高扬；为西方发达国家对我国进行思想文化渗透提供了便利条件，影响了大学生的人生观、价值观等；使两种社会制度之间的交流不断加强，从而不同程度地动摇社会主义的信念；对创新型人才构成挑战；使高校思想政治教育工作本身准备不足。路云平认为，全球化对高校思想政治教育工作提出的挑战是：高校思想政治教育工作面临的环境更加复杂；大学生的思想观念和价值取向发生了新的变化；互联网影响高校思想政治教育工作的效果。傅进军和赵祖地认为，全球化给高校思想政治教育带来的挑战是：西方意识形态的渗透会弱化政治信念；民族文化传统的淡化会导致价值标准紊乱；民族意识的弱化危害国家主权；文化垃圾的腐蚀影响身心健康发展。陈运生分析了全球化背景下高校思想政治教育工作尚存在的不适应状况和薄弱环节：一是一些高校领导对高校思想政治教育工作的重要性认识不够，重智育轻德育，没有把高校思想政治教育工作摆在首位，思想政治教育工作的政治职能被管理职能取代，抓高校思想政治教育工作积极主动性不够，存在着应付现象，正所谓"讲时重要，用时不要；出了问题重要，不出问题不要"。二是受全球化的影响，大学生的价值观念和价值取向日益多样化，面对出现的许多新情况、新问题，一时还难以找到解决问题的好办法，由于高校思想政治教育工作者观念陈旧，以及所处大环境的影响，高校思想政治教育工作的针对性、有效性、吸引力和感染力不强，工作方法单一，理论与实际联系不紧密，针对出现的新情况、新问题，深入研究新时期高校思想政治教育工作的规律不够，工作存在主观随意性。三是在高校思想政治教育工作进入网络化方面还存在着设施不到位、机制没理顺、工作效果不明显等问题。四是由于多种原因，大学生的心理问题增多。五是高校思想政治工作队伍的配备比例失调，结构不合理，素质有待提高。陈宁香在其硕士论文中提出，全球化给高校思想政治教育带来的挑战是：价值观念的冲突更为直接、剧烈；资本主义经济在扩张中冲击着社会主义信仰；意识形态领域的斗争更加复杂；西方的文化扩张主义导致传统文化、民族精神受损；互联网信息传播方式对高校思想政治教育的内容、方法及形式产生挑战。贾淑瑛认为，全球化给高校思想政治教育带来的严峻挑战是：其一，对大学生的负面影响，即全球化影响了大学生的世界观、人生观和价值观；动摇了大学生的社会主义信念；淡薄了大学生的爱国主义情感；其二，全球化对高校思想政治教育队伍的挑战：全球化对高校思想政治教育队伍的思想素质和知识素质提出了新要求；其三，全球化对高校思想政治教育传统内容与方法的冲击：全球化对高校思想政治教育传统内容和传统方法的冲击。查国平分析了全球化对当代大学生的影响，包括信念、民主思想、价值观等。

黄跃红认为，全球化形势下高校思想政治教育工作面临新的挑战是：其一，在全球化过程中，以美国为首的文化霸权主义，意在把整个世界变为资本主义的天下；其二，在全球化过程中，发达资本主义国家的政治信息和意识形态伴随着商业信息进入我国的传媒和网络，相比较西方在传媒和网络上的科技、信息、人才和资源优势，中国的意识形态和文化的扩张力和影响力表现出明显的不对称，从而使我们的思想政治工作面临一个现代化问题。罗娜较为详细地分析了经济全球化大趋势下我国高校思想政治教育面临的新冲击和新挑战：其一，经济全球化加大了资本主义社会对社会主义意识形态的冲击，当前的经济全球化事实上是由西方少数发达资本主义国家所主动和支配的经济全球化。其二，经济全球化给我国高校思想政治教育内容带来了新的冲击。一方面，他们不再满足于传统单一的思想政治教育的理论条款，对陈旧的知识和乏味的信息逐渐失去兴趣；另一方面，虽然他们以极高的兴趣获得了各种各样丰富的知识和信息，但因他们无法单凭自身的理论水平和分析能力去进行有效的梳理和整合，因而时常显得十分无奈，这种情况下，他们就十分需要老师的帮助、指导，来理清线索，形成思路，以充实他们自身的精神世界，这就迫切需要高校思想政治教育在其内容上创新、发展。其三，经济全球化对我国高校思想政治教育方法的冲击。经济全球化下，随着人们主体性的增强和思想道德的多样性发展，再简单依靠"单向灌输"的方法肯定是难以奏效的，这种方法也就丧失了现实价值性。徐志军认为，全球化背景下大学生思想政治方面出现的新问题是：价值观多元化，价值目标和价值取向具有动摇性，信仰危机普遍存在；漠视民族优秀文化，盲目崇外，道德取向走向媚俗；爱国主义被曲解，民族虚无主义和民族本位主义抬头；狭隘的个人主义思想泛滥。

二、全球化背景下加强和改进高校思想政治教育的对策

关于相关对策研究，学术界集中围绕如何通过创新来促进全球化背景下的高校思想政治教育。此外，学术界还从高校思想政治教育内容、方法等方面来讨论如何改进高校思想政治教育。

（一）全球化背景下的高校思想政治教育创新问题研究

1. 学术界一致肯定了创新在全球化背景下高校思想政治教育中的重要作用

丁红镭认为，创新是经济全球化视野下高校思想政治教育工作的客观要求，也是高校思想政治教育工作创新的前提条件。而高校思想政治教育工作机制的创新是高校开辟思想

政治教育工作新天地的关键，高校思想政治教育内容的创新是高校思想政治教育工作创新的重要保障。张敬斌和宾文高提出，全球化背景下高校思想政治教育创新的重要性在于：坚定大学生社会主义理想信念，有助于加强和改进高校思想政治教育工作；坚持和巩固马克思主义在意识形态领域的指导地位，迫切要求加强和改进高校思想政治教育工作；维护民族国家利益和主权，迫切要求改进和加强高校思想政治教育工作；全面建设小康社会，加快推进社会主义现代化，要求改进和加强高校思想政治教育工作。罗娜认为，改进创新是大学思想政治教育发展的根本动力。

2. 全球化背景下高校思想政治教育的观念、内容、方法和机制、队伍等的创新

关于观念的创新，学术界普遍认为，要在坚持马克思主义理论为指导前提下进行创新。有学者认为，实行观念上的创新，增强高校思想政治教育的主动性，应强化三个意识：主动占领意识、主动渗透意识、主动服务意识。查国平提出，进行高校思想政治教育观念的创新就要树立人性化观念、终身教育观念。贾淑瑛提出，树立高校思想政治教育的新观念包括：树立适应全球化的创新型人才观；树立立足全面建设小康社会的服务观；树立与市场经济相适应的市场观；树立"以人为本"的科学发展观。尹黎提出：工作思路的创新是做好观念创新的先导；树立新时代的理性精神是观念创新的重点；增强思想政治教育工作的主动意识则是观念创新的核心。

关于内容的创新，蔡丽华提出，高校思想政治教育的内容要更新，就要在增强时代感，加强针对性、主动性、实效性上下功夫，这就需要：在大学生中进行党的基本路线教育、"发展就是硬道理"的教育、改革开放的教育、坚持四项基本原则的教育；在积极参与经济全球化的同时，还要增强阵地意识，坚持马克思主义指导地位的教育，引导人们划清马克思主义与非马克思主义、反马克思主义的界限；进行全球意识教育；进行爱国主义教育；进行道德意识教育，特别是对大学生进行职业道德、社会公德和家庭美德教育；进行全球性伦理道德的教育，使大学生成为既具有和平的愿望和国际理解力、科学精神，又有全球意识和全球责任的公民；坚持集体主义价值导向，反对个人主义价值导向；进行法律、法规教育。赵冬云认为，要根据时代的发展，不断充实新的内容，增强高校思想政治教育的科学性，主要包括高校思想政治教育要实现从侧重传统向贴近现实转变，把改革开放中出现的新的现代化的精神在教育内容里面重点体现出来。查国平认为，思想政治教育内容创新包括：把思想教育、政治教育、道德教育、心理教育四大内容系统地组合成一个完整的思想政治教育内容体系，各部分都应按一定课时比例纳入大学生思想政治教育教学计划；在教育内容方面，除继续加强世界观、人生观、价值观教育外，还要大力加强科技观、教育观、成才观、就业观等方面的教育，另外还需强化创新精神、国际意识的培养，使大学生的思维方式和思想观念能够更好地适应知识经济时代和全面建设小康社会的需要。因此，全球化时代高校思想政治教育创新举措包括：强化国情教育，夯实爱国主义思想基础；营造民主、和谐、开放的教育环境氛围；以创新教育为拓展点，全面提高大学生综合素质；重视人文精神培养，提高大学生道德选择能力。贾淑瑛提出，要优化大学生思想政治教育的内

容：其一，加强社会主义意识形态教育；其二，开展全球意识教育；其三，深化爱国主义教育，包括加强民族优秀传统文化教育、国家主权观教育、国家安全观教育、民族责任感教育；其四，注重网络道德教育，包括制定网络道德规范、建立网络行为监督机制、加强网络立法、注重网络文化建设。罗娜认为，创新高校思想政治教育的内容要从以下方面入手：以进行理想信念教育为核心；以树立正确的世界观、人生观、价值观为重点；在经济全球化的条件下，进行全球化道德意识和道德观念、法律意识、协作精神、"国际人"目标的教育。

关于高校思想政治教育的方法、途径的创新，杨万江提出，全球化背景下高校思想政治教育创新的举措包括：弘扬主旋律，用主流意识形态占领文化阵地；加强高校思想政治教育方法的创新。蔡丽华提出，为适应全球化的形势，高校思想政治教育的方法创新应包括：放眼世界，更多地了解、借鉴世界各国开展思想政治教育的经验；占领高校网络思想政治教育阵地，增强利用网络技术，发展网络思想政治教育的意识；灌输与渗透相结合，因势利导；关注青年学生的心理健康问题，做到思想与心理相结合，增强学生的心理承受能力以形成健康的心志。贾淑瑛认为，改进高校思想政治教育的方法包括：转变思想政治教育的模式，构建主体性模式；开辟高校思想政治教育的网络阵地；综合运用多种形式的载体，其中包括"两课"载体、文化载体，传媒载体、活动载体、管理载体。而探索大学生自我教育的有效途径有激发大学生自我教育意识、创设大学生自我教育情境、构建大学生自我教育评价体系。罗娜认为，改进思想政治教育方法就要：坚持方法的科学性；适应经济全球化下的教育观点，改变过去的"单向灌输"教育模式，建立教育者与教育对象"双向互动"的教育模式；要注重寓教于学，寓教于乐，使大学生置身于思想教育的浓厚氛围之中；"以人为本"的灵活教育方式，具体问题具体分析，因人制宜，因事制宜，不断增强工作的针对性；根据高校大学生的年龄、心理特点等，从实际出发，针对不同对象，提出不同要求，采用不同方式，因人施教，有针对性地开展工作；积极运用现代教育技术特别是信息网络技术，增强高校思想政治教育的直观性、时效性、吸引力。

（二）从内容方面推进全球化背景下的高校思想政治教育

关于这一问题，王宏彬提出，要突出体现以下方面：正确的理想信念教育，是高校思想政治教育的核心；不断加强爱国主义、社会主义和集体主义教育，是高校思想政治教育的灵魂；加强高校社会主义法制与道德教育。张宗磊和李贵认为，从高校加强思想政治教育的全球化战略内容看，高校思想政治教育必须从三个方面加强：第一，加强对大学生的爱国主义、集体主义和社会主义的教育，培养其坚定正确的政治方向，塑造大学生的政治思想、政治品格、政治纪律、政治鉴别力和政治敏锐性，自觉抵制西方一些国家利用全球化而推行的政治民主与霸权主义；第二，加强对当代大学生进行优秀文化传统教育，培植大学生积极健康向上的价值观，自觉抵制文化帝国主义扩张中的腐朽思想；第三，加强大学生的具体国情教育和时代精神教育，增强市场经济中的自主竞争意识，抵制经济全球化带来的负面效应。陈剑旄提出,全球化背景下思想政治教育内容要主动调整,适应潮流,包括:首先,必须坚持马克思主义指导地位;其次,要加强中华民族优秀传统文化教育;再次,要加强适应全球化的人才素质培养;最后,要加强国家安全教育。徐志军认为,全球化背景下加强高校思想政治教育,就要改变思想道德教育的内容,包括:第一,把握好传统文化的继承与创新,大力弘扬中华民族优秀传统文化和近现代革命文化;第二,注重学生的时事和形势教育;第三,拓展现代思想政治教育内涵,培养学生的全球意识和忧患意识;第四,重视行为规范的培养教育。李玲芬认为,高校思想政治教育的对策与举措包括加强理想信念教育、加强爱国主义教育、重视民族精神的培育和民族文化的传承。

(三)全球化背景下高校思想政治教育方法、原则方面的探讨

张荣和赵奎提出,全球化背景下高校思想政治工作的方法要贯彻以下原则:平等原则、层次性原则、诚信原则、现实性原则。全球化背景下还必须转变高校思想政治教育工作方法,主要从经验型方法向科学型转变;从单向灌输型向双向交流型转变;从集中型向集中和分散相结合型转变;要从单思想政治方法向综合性思想政治方法转变;要从"真空传播"向"载体传播"转变;要从单纯定性型向定性和定量相结合型思想政治工作方法转变。陈方平认为,全球化背景下高校思想政治教育工作的策略和方法包括:其一,处理好以下四个辩证关系:教育与自我教育的关系;严格管理与关心体贴的关系;个性与全面发展的关系;物质利益与精神追求的关系。其二,建立规范的高校思想政治工作保障机制。其三,高校思想政治教育工作也必须创新。余建军提出,全球化背景下高校思想政治教育工作必须改进教育方法,其主要包括:西方发达国家现代教育理念及其在教育方面的成功之处值得我们学习借鉴;科学技术的发展为高校思想政治教育提供了现代化的教育手段,也为高校思想政治教育在方法上运用艺术和技巧拓展了空间,使之具有高度的灵活性、具体性、生动性、创造性,从而直接影响高校思想政治教育的实效性:利用现代各种传播技术建立高校思想政治教育的网站,实现教育资源共享,同时对国外虚假宣传给予有力反击,旗帜鲜明地反对资产阶级自由化,大张旗鼓地批判西方腐朽的利己主义、极端个人主义、享乐主义和拜金主义,争取思想政治工作的主动性,提高其针对性和实效性。陈剑旄提出,全球化背景下的高校思想政治教育,要利用信息技术,改进高校思想政治教育的方法,这包括:首先,要结合大学生实际思想和特点去做高校思想政治教育工作;其次,要学习国外先进经验,进行高校思想政治教育工作载体手段创新;再次,要利用网络技术,发展网络思想政治教育的意识。

王宏彬专门论述了构建高校思想政治教育应遵循的基本原则:一是从实际出发,增强高校思想政治教育针对性和实效性;二是立足于团结一切可以团结的力量,调动一切积极因素,化消极因素为积极因素,把学校师生员工的积极性引导好、保护好、发挥好;三是坚持教育与管理相结合,把我们倡导的思想道德原则融于科学有效的社会管理之中,使自律与他律、内在约束与外在约束有机合起来。韦鸿鹏则专门论述了全球化背景下高校思

想政治工作中"以人为本"原则，其认为全球化时代的民族国家竞争是高校"以人为本"思想政治教育工作的动力之一；"以人为本"是全球化时代人才培养模式竞争的基本要求；而积极引进世界各国先进的德育教育模式是落实"以人为本"高校思想政治教育工作的重要途径。徐志军提出，全球化背景下高校改进大学生思想政治教育，就要转变教育方式，由单纯灌输思想政治方面的知识向多角度培养能力转变。其具体措施主要有：首先，通过随机调查，了解大学生对"两课"的认识水平、思想困惑及关注热点，从而增强授课的针对性，使大学生可自主选择适合自己的教师、班次，这就要求教师在教学形式上变"填鸭式"为"启发式、疏导式、讨论式、直观式"，从而调动大学生上课的积极性；其次，注重引导大学生培养分析国内外重大事件和发生在周围的思想道德方面的案例的能力，启发他们多角度、深层次地思考，养成他们从科学的世界观、方法论出发思考问题的习惯；再次，要引导大学生"读万卷书，行千里路"，知行合一，多参加有利于加强大学生思想教育的社会实践；最后，改革"两课"考试评价体系，将传统的上课记笔记、考前背重点、固定题型式的考核手段变成开卷与闭卷相结合、期末考试与平时考试相结合、口试与笔试相结合、主观卷与客观卷相结合等多种形式，以求多角度训练和考查学生的能力。

第三节　知识经济时代的高校思想政治教育研究

进入 20 世纪 90 年代，知识经济这个全新的名称展现在人们的眼前。经济合作与发展组织（OCED）在《以知识为基础的经济》报告中给知识经济下的定义是：所谓知识经济是指建立在知识和信息的生产、分配与使用之上的经济。江泽民指出，当今世界，以信息技术为主要标志的科技进步日新月异，高科技成果向现实生产力的转化也越来越快，初见端倪的知识经济预示着人类的经济社会生活将发生新的巨大变化。可见，随着世界科技与经济的发展，人类已经开始进入知识经济时代，我国也必然要进入这个时代。在这种情况下，高校思想政治教育将体现什么样的特点、发展趋势，以及知识经济时代的到来对高校思想政治教育构成什么样的影响，高校思想政治教育应该采取什么样的对策等，这些问题随着知识经济时代的到来开始成为学术界关注的问题。

一、知识经济时代高校思想政治教育一般问题的研究

近年来学术界关于该问题的研究，主要讨论了以下几个问题：知识经济时代高校思想政治教育的特点、发展趋势；高校思想政治教育工作在知识经济时代的作用；知识经济时代大学生思想政治教育的新内容等。

（一）知识经济时代高校思想政治教育的特点、发展趋势

胡晓武认为，知识经济时代高校思想政治教育的特点有：知识经济的发展要求高校思想政治教育的目标是培养社会主义创造型人才；其内容应既具有国际开放性又必须具有社会政治性；其手段必须实现现代信息化；其方法必须全面融入素质教育。刘桂江提出，知识经济时代高校思想政治教育工作的特点包括高校思想政治教育工作将被赋予新功能、拓展新内容、开辟新途径。关于知识经济时代高校思想政治教育的发展趋势，林玉芝认为其有：科学化趋势、个性化趋势、国际化趋势。唐伟志则认为其还有：主体化趋势、社会化趋势、终身化趋势、信息化趋势。

（二）高校思想政治教育工作在知识经济时代的作用

关于这一问题，学术界都给予了充分的肯定。金菊清认为，其作用体现在：教育要迎接新技术革命的挑战，即适应科学技术发展的新特点，尤其是要适应当代科学技术与人文社会科学结合而显现的综合性的特点及趋势；从面向世界，面向未来，面向现代化的角度来看，适应知识经济时代需要培养高素质人才，这就赋予了新形势下高校思想政治教育工作更深刻的内涵；知识经济时代的两大特征就是知识化和全球化，我们将努力营造良好的教育氛围，培养学生宽广的胸怀，广阔的视野，团结合作的精神，强烈的民族自尊心、自信心，以及自主创新能力，高校思想政治教育工作可通过不同的形式，渗透到整个教育过程中，深入每个受教育者的心里。丁东宇和李丹提出，高校思想政治教育工作在知识经济中的地位和作用主要表现在两方面：其一，运用高技术从事创造性劳动的生产、经营和管理者，他们的报酬与其贡献直接挂钩，其影响也与其贡献大小相关，他们的思想道德状况、道德追求对整个社会思想道德有一种示范和导向作用；其二，从事以知识运用和开发为主的高层次生产、经营和管理者，他们的思想道德水平又直接影响着他们能否更好地从事创造性的劳动及能否把自己的劳动成果正当、有效地用于人类社会的进步。

（三）知识经济时代大学生思想政治教育的新内容

关于这个新内容问题，覃宪儒提出应该包括，培养创新精神，培养团队精神，开展情商教育，树立可持续发展观，并进行"网络"道德、法规教育。李星贵认为，知识经济时代下大学生思想政治工作的新内容有，思想政治工作至少应培养大学生的"两种精神"、树立"两种观念"即培养创新精神、培养团队精神，树立"网络道德"法制观念、树立可持续发展观。刘必清提出，知识经济时代高校学生思想政治工作必须在传统的世界观、人生观、价值观教育，道德观教育，政治观教育，法纪观教育内容的基础上，增添新的内容，其中包括强烈的社会责任感、高素质创新能力、丰厚的人文底蕴。丁东宇和李丹则提出，知识经济时代的大学生思想政治工作内容有，创新观教育、可持续发展观教育、终身受教育观培养。

二、知识经济时代的到来对高校思想政治教育构成的影响

关于这个问题，学术界一方面分析了知识经济带来的正面影响，同时也论述了其带来的负面作用，同时还有学者分析了知识经济给高校思想政治教育提出的新要求。

（一）知识经济带来的正面影响

学术界主要讨论的是知识经济给高校思想政治教育带来的机遇。刘英飞和余亚平认为，知识经济的到来有利于深刻认识高校思想政治教育工作的重要性；充实和丰富了高校思想政治教育工作的思想理论内容；为加强和改进高校思想政治教育工作提供了科学方法；确立了高校思想政治教育培养创新人才的新课题；知识经济提出了学习社会化和终身教育的问题，确立和强化了以培养学生自我修养能力为基础的终身德育的观念。彭权群提出，知识经济对高校思想政治工作的积极影响主要包括，知识经济丰富了高校思想政治工作的内容，将使高校思想政治教育工作地位更加突出，将更新高校思想政治教育工作方法，将完善高校思想政治教育工作的理论。熊仁民认为，知识经济时代高校思想政治教育工作大有作为，这体现在：人力资源的开发必将稳固确立高校思想政治教育工作的应有地位；创新型人才培养必将丰富高校思想政治教育工作的内涵；信息网络的出现必将拓展高校思想政治教育工作的空间。甄洁洪提出，知识经济给大学生思想教育与管理带来了新机遇，包括其一，带来了全新的思想教育与管理工作环境。一方面，一改以往大学生思想教育与管理工作的相对封闭的环境，形成一种全面开放的德育环境；另一方面，在迅速变化的信息化进程中，传统的社会结构，人与人之间的关系，时空观念，都将受到冲击。其二，崭新的大学生思想教育与管理工作内容。首先，知识经济时代数字化网络技术，双向互动的信息高速公路，实现了各种媒体的大众传播形式、全球各国各类信息源全面贯通和横向互联，在技术上支持了人的自主选择权利，提高了大众政治参与的程度与热情；其次，知识经济社会诸多特征从另一个角度证明了我国建立社会主义市场经济体制的历史必然性。其三，更新了大学生思想教育与管理工作的方式。

罗传厚和陈申宏认为，知识经济丰富和发展了高校思想政治教育工作的内容，包括丰富和发展了高校思想政治教育工作的传统内容、丰富了其职能，为高校思想政治教育工作的创新带来了新机遇。知识经济为改进高校思想政治教育方法提供了条件，主要有：一是定性分析与定量分析能力增强，有助于增强高校思想政治教育工作的针对性，使高校思想政治教育工作能够把握恰当的时机，掌握适当的角度和力度，同时也使高校思想政治教育效益的评估更为准确精当；二是信息传媒的发展为高校思想政治教育工作拓宽了空间。何诗海认为，知识经济对高校思想政治教育工作的影响，主要体现在：在高校思想政治教育工作原则上，有效性、预见性和创新性等原则将变得日益重要；在高校思想政治教育工作内容上，内涵将更加丰富，重点将更加突出；在高校思想政治教育工作的方法上，多媒体将成为一支强大的生力军；在教育的主体和客体划分上，界限将渐趋模糊。陈章益提出，

知识经济的发展对高校教育特别是高校思想政治教育带来了深远的影响，主要体现在：知识经济的发展带来了高校思想政治教育的综合化，带来了高校思想政治教育的网络化，带来了高校思想政治教育的国际化，带来了高校思想政治教育的可持续化。周丽新在其硕士学位论文中提出，知识经济给高校思想政治教育带来的机遇有：其一，知识经济时代思想政治教育为经济服务的功能更加凸显；其二，高校学生知识价值观的树立为思想政治教育提供软动力；其三，知识经济高科技的迅猛发展为高校思想政治教育提供硬支持。

（二）知识经济带来的负面影响

一方面，学术界分析了知识经济时代，大学生的现状；另一方面，分析了知识经济给高校思想政治教育工作带来的挑战。谢丽萍分析了知识经济时代高校思想政治教育工作面临的问题包括，市场经济的重利性加大了高校思想政治教育工作的难度，消极的社会思潮对大学生思想影响很大，信息技术、信息网络的迅猛发展，给高校思想政治教育工作提出了挑战，传统的高校思想政治教育工作方式与知识经济时代的要求不相适应，大学生心理不健康问题日益突出，高校思想政治教育工作队伍素质与知识经济时代的要求不相适应。彭权群认为，知识经济对高校思想政治教育工作的负面影响有：知识经济对高校思想政治教育工作的理论基础提出了挑战，对传统高校思想政治教育工作带来了冲击，使大学生高科技犯罪率有所增加。熊仁民认为，知识经济时代高校思想政治教育工作难度加大了，主要体现在知识经济时代的信息网络化使社会主义意识形态教育受到挑战，文化网络化使中华民族传美德、优秀文化教育受到挑战，社交网络化使大学生的人际交往方式和心理发生嬗变。

陈松认为，知识经济给高校思想政治教育工作提出的挑战是：计算机信息技术的高速发展给抵制西方的"西化""分化"图谋带来了难题；知识经济冲击着大学生的社会价值和道德观念；作为知识经济的产物，电子游戏、各种电子出版物和网络中许多杂乱无章的信息挤占了一些大学生的大量时间和精力；知识经济时代导致大学生新的心理困惑；知识经济对传统的高校思想政治教育工作提出了挑战。甄洁洪认为，知识经济给大学思想政治教育与管理带来的挑战表现为：对智力资源占有、配置、消费方式的挑战，经济一体化带来的挑战，政治全球化带来的挑战，文化趋同化带来的挑战。李亚军分析了知识经济大学生思想道德教育所面临的新问题，包括德育课教学不适应知识经济时代的迫切需要，部分教师思想道德教育缺乏现实性和针对性，知识经济的发展给大学生思想道德教育提出了更高的要求。赵秀月在其硕士学位论文中提出，知识经济时代大学生思想道德教育面临的挑战主要包括：其一，对大学生思想道德教育观念和目标构成挑战；其二，对大学生思想道德教育内容构成挑战；其三，对大学生思想道德教育方法构成挑战；其四，对大学生思想道德教育评价体系构成挑战；其五，对大学生思想道德教育环境构成挑战；其六，对大学生思想道德教育队伍构成挑战。

周丽新认为，知识经济时代高校思想政治教育面临的困境包括：其一，大学生思想现状不容乐观，体现在缺乏坚定的信仰；重物质利益，轻精神价值；心理承受能力减弱。其二，高校思想政治教育工作软弱乏力，这体现在保守落后的思想政治教育观念；空乏滞后的思想政治教育内容；思想政治教育手段的落后；思想政治教育环境错综复杂。刘桂江则分析了知识经济时代大学生思想的特点和传统高校思想政治教育工作模式的弊端，其特点包括，有强烈的政治热情，但缺乏成熟的政治头脑；价值趋向物质利益，注重主体意识；注重竞争和参与，追求平等与民主；求知欲望增强，良莠不分兼收。传统高校思想政治教育工作模式的弊端，主要包括职能的滞后性、内容的反差性、途径的单一性。李宝玉在分析知识经济对大学生带来的正面影响的基础上分析了其负面影响，主要有：其一，高科技知识在未来经济中的主导地位，使受教育者自觉不自觉地偏重理工科类专业的学习，而忽视或轻视人文、社会科学的学习，造成科技素质与人文素质和思想道德素质相分离，不仅使相当一部分受教育者的创造性难以发挥，也使他们由于忽视人文、社会科学而忽视了对思想政治教育的重视。其二，信息网络系统成为他们获取知识、接受教育的主阵地。这一方面使受教育者获得思想政治教育及其他各种教育的渠道拓宽，加大了他们接受教育的自主性，使大学生的个性化教育和终身教育成为可能；另一方面师生教与学的分离，加上网络教育的自主性、平等性和隐蔽性，使教育者和被教育者的直接交流越来越少，受教育者之间的讨论也大大减少，这容易造成高校思想政治教育整体教育的困难和师生情感的日渐淡漠。其三，全球意识、开放意识成为他们面临两难选择的关键，他们沉溺于网上活动，致使大批对现实不满的大学生更加逃避社会现实，造成对人才塑造的贻误。

（三）知识经济对高校思想政治教育提出的要求

学术界普遍认为，知识经济对高校思想政治教育提出了全方位的新要求。刘莲芳分析了知识经济对人才素质的要求，包括知识经济要求人才必须具有良好的思想道德素质，能最大限度地挖掘自己的智能，具有丰富的创造力，具有较强的特殊社交能力和个人应变能力，具有良好的心理素质。罗传厚和陈申宏分析了知识经济时代对高校思想政治教育队伍建设提出的要求，其主要包括充分认识加强高校思想政治教育队伍建设的迫切性，坚定高校思想政治教育队伍建设的信心，加强高校思想政治教育学科建设和组织机构建设，努力提高高校思想政治教育工作者的科学文化素质。彭权群认为，知识经济对大学生思想政治教育工作者提出更高的要求，包括大学生思想政治教育工作者要更新观念、改进工作方式、加强学习。刘必清分析了知识经济时代对高校思想政治教育工作的要求，表现为"五化"：工作目标个性化、工作方法多样化、工作管理法制化、工作设施现代化、工作环境知识化。

张星昭和周利方也认为，知识经济时代的到来对高校思想政治教育工作提出了更高的要求，其体现在：一方面，在知识成为重要的生产资源，科技迅猛发展，信息传播极快的时代，那些运用高科技从事创造性劳动的科技工作者的道德状况和道德追求，对整个社会有一种示范、导向的作用；另一方面，从事知识开发的科技工作者的道德素质如何，又会直接影响着他们能否更好地从事创造性科技活动，以及是否能把他们的科技成果正当有效地用于社会。覃宪儒提出，知识经济对人才素质提出了新要求，即高校思想政治教育必须以培养高素质人才为目标；要求高校思想政治教育必须进一步加强"三观"教育；知识经济引起高校思想政治教育环境的变化，也为高校思想政治教育提出了新课题。周丽新认为，知识经济要求高校思想政治教育树立国际化意识，要求高校思想政治教育以科学技术为依托，要求高校思想政治教育使大学生成为真正的主体，要求高校思想政治教育融入大学生的生活世界。

三、知识经济时代加强和改进高校思想政治教育的对策研究

学术界在分析了知识经济时代对高校思想政治教育形成的影响基础上，普遍开展了对策研究，纷纷提出高校思想政治教育要主动迎接挑战、要主动适应知识经济。学术界普遍认为要做到这一点，就必须围绕高校思想政治教育的创新、高校思想政治教育的内容、方法，以及环境培育、观念树立、队伍建设等开展。其中，关于知识经济时代如何通过内容、途径的创新来加强和改进高校思想政治教育是学术界关注的主要问题。

（一）知识经济时代高校思想政治教育内容的创新

学术界认为，应进行高校思想政治教育的观念、内容、方法等创新。李宝玉提出该创新包括：目标的创新、内容的创新、途径的创新、管理的创新、学科的创新等。董秀娜则论述了创新的必然性、特点和内容等，认为知识经济时代高校思想政治教育方法创新的必然性在于：知识经济引起高校思想政治教育环境的变化，给高校思想政治教育提出了新课题，要求高校思想政治教育方法必须创新；知识经济时代，东西方文化交流与碰撞的加剧，使教育对象的思想发生深刻的变化，要求高校思想政治教育方法必须创新。她还提出知识经济时代创新高校思想政治教育方法应该具有的特点包括现代性、开放性、民主性、综合性、新颖性。知识经济时代高校思想政治教育方法创新的主要内容有，变"传统型"为"现代型"、变"封闭型"为"开放性"、变单向灌输为双向交流、变单一型为综合型、变务虚为主为虚实结合以实为主、变显性教育为显性教育与隐性教育相结合。陈章益讨论了如何创造性地开展高校思想政治教育问题，其认为知识经济时代高校思想政治教育的创新工作要注意以下几个原则的结合：主体性原则、需要性原则、系统性原则、及时反馈和调整原则。而知识经济时代赋予高校思想政治教育新的内涵，形成面向广大大学生的具有针对性、时代性和创造性的高校思想政治教育内容体系原则是：爱国之情向报国之行的转化、强大的社会责任感、科学的思维方法、创新意识和创新精神、团队协作精神、科学道德观念、知识经济的价值观念。

（二）知识经济时代高校思想政治教育途径的创新

知识经济时代高校思想政治教育工作应采取的有效途径是：其一，运用现代科学技术，

构建新型高校思想政治教育的教学模式。其二，加强高校思想政治教育，建设高素质的队伍。首先，大学生思想政治教育工作者应改变落后的教育观念和思维模式，改变重书本、轻实际，重讲授、轻交流，重课堂、轻实践等脱离教育规律和时代需要的教育观念，树立现代化的教育观念和开放创新的思维模式；其次，要及时根据形势变化和学生实际，不断更新和丰富知识储备，拓展新的认知领域和知识层面，尤其要加强多媒体、因特网、现代远距离教育等现代教育媒体知识的学习，提高信息社会网络环境下教师的信息意识和信息素质；再次，加强师德建设，不断提高其综合素质，形成和巩固科学的人生观、价值观和师德观，丰富和发展健全的人格与健康的心理，永葆传播人类文明、塑造人类灵魂的"工程师"本色；最后，队伍要相对稳定，不断提高其理论素养、业务水平。其三，重视大学生课外活动，充分发挥其在高校思想政治教育中的作用。这就要：建立、健全大学生党团组织是加强高校思想政治教育的头等大事；加强正面引导，组织灵活多样的政治学习；综合运用行政、法律、心理辅导等手段进行疏与堵，引导大学生朝正确的方向前进；加强以学术文化为核心的校园文化建设，丰富大学生的课余文化生活，用健康向上的思想文化占领大学生的思想阵地；完善综合评估体系，综合评定学生的素质。罗凯华论述了高校思想政治教育工作的内容和方法创新问题，内容创新包括：注重宣传知识经济、注重思想政治信念教育、注重培养创新意识、注重培养科学精神、注重培养团队协作精神、注重心理健康教育、注重可持续发展观教育、注重"网络"道德、法规教育。方法创新包括：利用高科技为高校思想政治教育开创一片新天地；加强制度建设，更注重发挥自身作用，转换工作视角，增强服务意识；培育文化氛围，激发学习热情和创新精神。覃宪儒认为，知识经济时代高校思想政治教育方法，唯有创新才有出路，思想政治教育方法的创新，要具备以下五个方面的特征：超前性、新颖性、现代性、综合性、开放性。褚英提出，树立创新意识，不断改进工作内容和方法，是搞好新时期高校思想政治教育工作的强大动力。首先，高校思想政治教育工作的创新，必须求实，尊重科学；其次，高校思想政治教育工作的创新必须灵活机动，内容和形式多样化。

第四章 "互联网+"时代的教育、思想政治教育变革

"互联网+"对传统行业展现出强大的力量,不断促使其进行转型升级。当"互联网+"遇到教育时,互联网对教育变革的作用也体现得很明显。以往传统的教育一般都发生在闭塞的空间,如学校、家庭内,知识往往以书籍等方式存储在图书馆、教室、书房等固定空间,知识流通方式的闭塞,使大量的知识被遗忘在尘埃中。互联网的到来改变了知识流通方式,加快了知识流通速度,打破了教育桎梏,不断实现教育公平。中国教育进入了一场基于信息技术的伟大变革中,历经教育远程化、教育信息化、教育在线化,而这些都不是互联网与教育结合的终点。教育只有顺应"互联网+"时代的需求,与互联网进行深度融合,持续不断地进行革命性的创造变化,才能重构教育生态体系,走向新的境界。

第一节 什么是"互联网+教育"

一、"互联网+教育"概念界定

当前,在教育领域,一场信息化的颠覆性变革正在悄然发生,传统教育模式正逐渐被改变。

我国教育信息化已基本普及,实现了教育"+互联网"的应用。但在"互联网+"背景下,很多人对"+互联网"和"互联网+"概念有所混淆。实际上,这是两个有本质区别的概念。"+互联网"是指互联网技术在传统行业中运作,关键是对传统行业进行技术改造和升级。"互联网+"是运用互联网思维,对传统行业规则进行改造,关键是制度创新。因此。"教育+互联网"强调的是将已有的教育模式、内容、工具、方法、体系等用互联网技术复制一遍,也就是把教育"从线下搬到线上"而已,其核心是教育的"技术革新",并没有对教育模式和教育形态有实质性触及。而"互联网+教育"强调的是在认识教育本质的基础上,在互联网技术基础上,运用互联网思维,重塑教育模式、内容、工具、方法、体系,建构教育新生态,其核心还是"教育"本身。"互联网+教育"中的"+"并非简单的加法,而是内涵丰富的"化",是指将互联网与教育通过双向连接,产生互动、渗透、耦合,运用互联网催化教育形态的换代升级,发生质性的化学反应,让互联网从以往的工具形态,渗入

到教育的思维层面，通过"互联网思维＋教学过程""互联网思维＋学习""互联网思维＋教学模式"等变革，对教育进行重塑与再造，实质上也就对教育进行"转基因"工程。因此，"互联网＋教育"就是让教育这个主体生长在"互联网＋"的土壤之上，让教育与"互联网＋"时代背景下的社会发展需求进行"互通互联""耦合渗透"，把互联网思维主动融入教育教学全过程，为教育提供动力和养料，催生一种新的"互联网教育思维"，重新思考教与学、师与生、学校与社会、供给与需求等教育形态如何实现"多维对接"和"立体协同"，实现教育内容的持续更新、课程形态的逐渐转变、教育模式的不断优化、学习方式的连续转变，以及教育评价的日益多元化。

二、"互联网＋教育"的特点

（一）资源共享

传统学校教育模式下，教育资源主要集聚在校园这个相对封闭的物理空间内，局限于课堂、图书馆等场所，满足固定人群的需求。而互联网的开放性正在撬动传统学校教育封闭的大门，拆除传统教育的时空围墙，改变传统的知识传授方式，重构着教育服务体系。互联网以其强大的存储功能和交互性技术优势，囊括了海量的知识和信息，成为人类历史上前所未有的巨大信息库。而这个庞大的信息库还在不断地借助互联网终端的连接，让所有人能够通过不断上传、发布新的信息让其源源不断地扩容。借助互联网，各种教育的优质资源都可以跨越校园、地区、国家，从而覆盖到世界的每个角落，无论你在哪里，只要连接上互联网，就都可以接受全世界最优秀教师最好的课，进而使优质教育资源向更广泛的群体扩散，让更多人分享知识成为可能。在传统教育中，由于优质资源的有限，很多学生受所在学校、专业、院系等限制，不能随心所欲选择自己喜爱的课程，更有很多人没有机会进入心仪的学校接受教育，而在线教育则让更多学生可以不受时空、所在学校、身份、地位、年龄的限制，选择自己感兴趣的课程，让学习的不可能变成可能。风靡全球的慕课，即是一个典型的例子。只要学生想学就可以进来学习，只需注册一个邮箱即可参与，而且很多课程还是免费提供的。并且慕课大规模开放的特点，使得它与传统课程一次只能接受几十人或几百人听课的情况大不相同，一门课可以上千、上万人，甚至几十万人同时听课，并通过互联网即可完成学习、提交作业，极大提高了知识的传播效率，吸引了全球数以百万计的学习者。普通高等院校象牙塔的地位和界限正在逐步地被淡化和模糊。

（二）交互性

"互联网＋教育"的交互性体现在其对传统单向灌输授课模式的颠覆。在传统教育环境下，知识的传授多是以教师为中心，进行"教师—学生"单向交流的模式，教师是学生获取知识的主要来源，学生的学习对教师授课具有明显的依赖性。即便是开展课堂讨论，也都只能是在同一个教室内学生与教师之间，或学生与学生之间进行交流和讨论，思维的交流和碰撞受到时空的限制，难以得到充分扩展。而"互联网＋教育"则让教学从单向灌输知识的满堂灌向更加注重互动对话的"翻转课堂"等转变。例如，在翻转课堂，学生在课前通过网上完成相关知识点的学习，而课堂上的主要任务则是针对学生学习中有争议或有困惑的问题进行"交流和评估"。同时，互联网也让学生可以突破时间和空间限制，在任何时间、任何地点与分散在世界各地的所有其他学生进行充分的互动，不仅可以向他人寻求帮助，还可以互相分享学习心得，甚至交到志同道合的朋友。这种交流的平等性与开放性，也让教师走下神圣的讲台，从教学的主导者变为学生学习的辅助者、服务者，以普通网民的身份，参与到交流互动中，从而减少了师生之间交流的拘谨，有利于学生更为真实自由地表达自己的观点和看法。而"互联网＋"时代大数据的辅助，也让师生之间的沟通变得更有针对性，通过对学生学习行为、学习能力的分析，实现教师对学生更科学全面的了解，更有针对性地进行沟通交流。

（三）随时随地

传统教育模式下，学生需要按照学校课程安排，在固定时间到固定教室听课，学习有较大的时空限制。"互联网＋教育"由于网络的无边界性，学生的学习成为无时不可、无地不可的事情，只要连接网络，学生便可以在各种终端下随时随地地介入学习并延续进度，不必再完全依赖课堂和书本，学习者突破了校园、教室的局限，真正实现了时空上的自由。而随着"互联网＋"在教育领域的发展，学习越来越不受国籍、时间和空间所限制，未来教育、未来课堂的边界将会无限放大。

（四）个性化

"因材施教"这一教育方法在2000多年前就由我国著名教育家孔子提了出来，经过历代的教育实践也获得了丰富的内涵，但即便是到了今天，因为各种因素的限制，要做到真正因材施教也并不容易。在传统教育模式下，教师要在同一课堂上为众多学生讲授相同的内容，往往难以兼顾不同学生的智力特点和吸收水平的差异，而学生也难有自主选择听或不听、听哪些课程内容的权利。就像可汗学院的创始人萨尔曼·可汗曾说的"传统的教学法是非人性化的教学，30个孩子不许讲话，不许相互配合，一个不论多么优秀的教师，都不得不按同一个步调教30个学生。"而"互联网＋教育"运用网络特有的数据库管理技术，为个性化教育教学提供了可行的路径。在互联网环境下，学生是在线课堂学习的主体，完全可以根据自己的学习习惯、理解能力等自主选择在什么时间学习，学哪些课程，学多长时间，甚至学习几次等。同时，互联网也能针对学生的学习状况进行完整的数据跟踪、记录和分析，得知每个学生的学习特点和规律。学习软件系统将根据这些大数据分析得出的规律，向学生推荐适合该学生学习的课程和学习计划，并为每位学生量身定做个性化的课程、题库、解疑等学习模块，满足不同学生的个性化学习需求，并将教育教学流程化整为零，更加回归人性，真正做到因材施教，充分挖掘每个人的学习潜力，改变传统教育千篇一律的模式。

（五）内容碎片化呈现

"互联网＋教育"是真正以人为本的教育。为了吸引学生的注意力，提高学习效果和质量，教育产品内容的表现形式日趋丰富化、生动化，包括文本、图片、声音、视频等多种类型，以碎片化的形式呈现在学生面前，以便让学生能更加直观、快速地完成知识学习。在传统教学模式下教学资源基本掌控在教师手中，教师根据教学大纲，以系统化的思维，渐进式地向学生展开各个章节的学习，强调学习内容的系统性、完整性。这样的学习有助于学生对某一门学科知识更为连贯、系统的认知，但也容易引起学生的疲劳和注意力分散。而在"互联网＋"时代，系统、循序渐进式的学习模式，已远远赶不上知识更新换代的速度，人们的学习范围越来越广，学习变得越来越没有耐心。由于信息的碎片化，继而带来了知识碎片化、时间碎片化、空间碎片化、媒体碎片化、关系碎片化等。学生可以利用乘坐公交车、课间休息、睡前十分钟等零碎时间，通过互联网获取碎片化的知识进行学习。信息和知识的碎片化成为不可阻挡的趋势。在这种状态下，"互联网＋教育"适应这种变化，打破学科知识按照由易到难、循序渐进学习的局限性，对知识点进行碎片化处理，强调学科体系中重点内容和难点内容的解析与讲授，删除冗余信息，将知识以碎片化的形式呈现给学生，让学生能随时随地利用碎片化时间，集中注意地进行学习，更加便捷地完成学习任务。知识的碎片化呈现，也能让学生根据自己的需求随意切入学习，随时跳出，实现自主学习。

第二节　"互联网＋"时代的教育变革

一、"互联网＋"开辟了全新的教育发展空间和改革视角

（一）人类的认知方式改变

"互联网＋"时代普遍连接的特性，让人们生存的环境变得越来越复杂，生活节奏越来越快，不确定性越来越强，知识和信息的容量越来越大，变化越来越快，信息和知识正以指数的形态加速膨胀。"互联网＋"让教育资源能够更加充分地流动，让学习者可以随心所欲地选择在任何时空自由学习。但事实上，我们每个人学习的时间和学习的容量是有限的，现代社会的知识爆炸与我们每个人的学习时间与学习能力的鸿沟越来越大，人们面对着如何在有限的时间、有限的学习能力、有限的大脑存储空间里，来应对无穷无尽的信

息和知识的巨大压力和挑战。我们需要借助互联网，改变人类基本的认知方式，来适应越来越复杂的社会。

人类的大脑是一个由数以亿万计的神经元构成的复杂网络，而在"互联网+"时代，也有一个由数以亿万计的计算机和移动终端设备构成的互联网。互联网连接了一切，将人类知识零散分布在互联网的各个节点上，通过连接并激活一个个的节点。互联网连接的规模越大，网络对知识进行自治性的加工使其变更的驱动力也就越大，通过实时通信的网络，可以快速组织大规模的社会化协同，知识越来越去中心化，而呈现分布式协同状态。面对这样的知识大网，知识的产生机制、传播机制、应用形态将发生巨大的变化，人类社会将不存在一个知晓万事的超级大脑。今天的学习者应对的最好办法绝不是将知识统统装进自己的大脑中，而是将互联网看作一个知识存储库。学习的最好方式是将大脑里的网络与互联网对接起来，学会用连接激活一个个的互联网内的知识节点，随时随地地调用互联网里的信息和知识为自己所用。在激活链接的过程中，学习者在互联网中寻找自身学习的需求和价值，寻找不需要死记硬背的高效学习方式，寻找解答疑问的途径和立场不同的观点答案。学习者在互联网的世界里，可轻松实现对感兴趣话题全面的、多角度的观察。互联网成为学习者学习的利器，使其有能力在浩瀚的知识海洋中搜索知识，发现问题，寻找解决途径，从而使学习者认知学习的主观能动性得以强化。

而互联网因为信息碎片化带来的知识碎片化，使知识变得短小精悍、结构松散，也促进了学习者认知方式的转变。长期以来，我们所接受的教育大都是系统的知识教育，学习者习惯了连续的、线性的知识获取方式，先后信息的相互联系有助于学习者的长时记忆。而互联网导致的碎片化知识以短时间记忆为主，知识学习者在进行信息链接和提取时可能产生错构，导致信息失真。知识的碎片化也导致学习者的思维不能集中，容易对信息全盘接受不加思考，思维活动太过浮浅。因此，"互联网+"时代，学习者需要对知识在碎片化的基础上进行认知的加工建构，确保对知识的正确理解和深入思考。

认知是构建教育大厦的基础，人的认知方式的裂变，必然导致教育的革新。技术已经成为人类生存环境中不可分割的一部分，人类的基本认知方式、驾驭世界的基本思维方式正在发生意义深远的改变，当基本认知方式都发生改变的时候，在此基础上建立的教育大厦必然发生意义深远的革命性的裂变，无论是教学思想、教学理念、教学组织形态、教学方法等都会发生意义深远的改变，只有这种改变才能培养出适应未来社会发展的人。

（二）教育从固定场所走向无限空间

"互联网+"推倒了传统意义上教育的限制，促使教育将已有的教育内容、教育方法、模式等进行重新设计和组合，使教育资源更加充分地流动。学习者从课堂、图书馆、实验室等相对封闭、固定的物理空间里摆脱出来，只要在任何一个终端与互联网进行连接，即可以在任何时间、任何地点进行学习。在这种状态下，校园、教室、课程表、作息时间都失去了对教育的束缚，教育的物理空间边界被打破了。

"互联网+"时代，人类社会、信息空间、物理空间将逐渐相互融会贯通、相互交织在一起，形成虚实融合的空间。"互联网＋教育"的跨界融合衍生了全新的线上线下融合的教育形态。学习者的学习交流、个性养成等问题，需要在实体和虚拟空间里进行反复的协同互动。在传统教育中，学习者在固定的时间和地点接受知识，且往往只有一次聆听的机会，一旦错过就无法弥补。而在网络教育空间里，学习者可以根据自己的情况来自主调控学习速度，随时跳过已经掌握的知识，也可以反复学习尚未掌握和掌握不够的知识，循序渐进地学习，从而使学习变得更加"随心所欲"，真正实现了学习时空上的自由。

"互联网＋教育"衍生的线上线下融合教育使教育的服务范围逐渐打破了学校、班级的限制，使教师不再仅仅属于学校，而是属于社会，属于互联网，让学习者不仅在学校和课堂上学习，还在家里、在路上，也在互联网上学习。这种虚实融合的教育空间，让知识越来越具有社会性，更具有流动性。人人都成为社会这张大网的一个个节点，与他人进行着信息和知识的多点互动。人人既是知识的生产者，也是知识的消费者。传统学校将不再是一个相对封闭的净土，而成为整个社会这张大网中的一个动态、开放的知识库节点。虚实跨界融合的教育生态环境，让学习者的学习通过网络不仅仅发生在教室和学校，还连接到了学习者的日常生活和网络生活中。

（三）资源的优化配置促进教育更加公平

随着经济社会的不断发展，我国教育取得了瞩目的成就，但教育与经济、社会的不协调性也日益明显，其根本原因是教育资源配置的非均衡化。教育资源和优秀教师的地区分配不均，尤其是农村和边远地区优质教师资源的匮乏，导致地区间教育差距呈扩大趋势，影响了人才培养、科学研究水平，最终制约了国家整体发展。教育资源配置是指各种教育资源，包括人力、财力、物力、时空、信息、文化、权力、制度、政策、关系等，在各种不同的使用方向之间的分配，以期投入的教育资源能够得到充分有效的使用。由此可以看出，教育资源配置最终追求的还是效率和公平。

"互联网＋"能很好地促使教育资源重新配置和整合，使教育资源达到最大优化和公开化，从而提升教育资源的共享程度，促进教育公平。首先，"互联网＋教育"可以最大限度放大已有优质教育资源的价值和作用。在传统教育中，受经济条件、师资力量等限制因素影响，传统校园的数量和规模不可能随意扩大，因此，教育规模的培养能力严重不足。一个教师所能教授的学生数量非常有限，而"互联网＋"可以把最优秀的教师资源集中在一起，克服地理空间的分离，让一位优秀教师为成千上万的学生提供共同的授课资源，而学生只需要一个移动终端，连接到互联网，就可以随意挑选心仪的授课教师，教育差距大大缩小。其次，"互联网＋教育"的跨界融合，让教育可以实现跨行业、跨地区、跨时间的合作交流，带来教育服务行业的迅猛发展，催生了"中国大学 MOOC 网"、清华"学堂在线""超星泛雅"等教学平台的发展，其促进了优质教育资源的流动与共享。不仅可以丰富教育资源的内容，减少教育资源的低水平建设，还可以缩小甚至消除传统上因时空和师资力量上的差异所导致的教育资源上的鸿沟，最大限度地实现教育民主和教育公平，从而弥补教育资源不均造成的教育水平差距。

（四）教育从整体规范走向个性发展

在"互联网+"时代，一切皆可数据化，让数据成为学校最重要的资产，是核心生产要素，成为学校最有价值和最需要投入的地方。学校数据将不再是抽样的数据，也不再只是某个时间节点的断层数据，而是连贯的、连续的、覆盖师生全学习过程、工作过程的数据。全样本、全过程大数据支撑下的教育，将根据每个人的特点，解放每个人本来就有的学习能力和天赋，让个性化教育成为可能。

大数据时代的到来让各个平台可以自动记录学生的学习行为，在全面采集学生学习过程数据的基础上，依据心理学、学习科学等原理与模型，通过教育大数据分析来精确了解学生的认知结构、知识结构、情感结构、能力倾向和个性特征，在群体的状态中发现模式、规律及总体趋势，让教师准确、更好地对大规模的学生群体提供更好的教育支持；同时，也可以通过诊断性分析，发现表象背后深层次的问题，及时发现学生的知识盲区，精确定位学生的问题，从而进行精准的定向支持，帮助学生完善知识结构，增强学生的优势；大数据还可以通过预测性分析，为学生的学习做出辅助判断，帮助学生深入了解自己，支持学生制订更加适合自己的学习计划和学习内容，推荐合适的课程，让学习由"套餐"变为"自助餐"，完成传统教育中教师指导从粗放型向科学、精细、个性化的转变。总之，"互联网+教育"打破了流水线式传统教育整体规范的模式，让教育以学生为中心，尊重学生的个体差异性，满足学生的个性化需求，促进学生个性化学习体验，让学生真正成为教育中的主人。

（五）教育从单向传递走向多维互动

"互联网+教育"将改变传统教育中以教师为中心，从"教师学生"进行知识单向传递的授课模式，教师不再是知识的唯一来源，学生对教师授课的依赖性明显减弱。与之相适应，教师的作用要从教学的主导者变成学生学习的辅助者、服务者，教学要从单向灌输知识的"满堂灌"向更加注重互动对话的"翻转课堂"转变。传统课堂中，教师的任务主要是"教授知识"，而在"翻转课堂"中，教师在课堂的任务则主要是"交流和评估"，也就是答疑解惑和评估鉴定学习成果。教师与学生的互动不再局限于课堂，也不再流于形式，而是将通过互联网，完全突破课堂时空的限制。学生可以在互联网世界里随时随地随心地与同伴沟通，与教师交流。教师通过互联网终端，可以即时地给予学生点拨指导。同时，教师不再是居高临下地灌输知识，更多的是提供知识资源的链接，为学生进行兴趣的激发和思维的引领。教育可以通过互联网将触角伸向任何一个领域、任何一个角落，因此，互联网使得教师的课堂教学变得资源更为丰富，手段更为多元，教师在课堂上将由重视"教授知识"，转向关注如何在线上学习、交流的基础上，更好调动学生在课堂的实际参与，及时检查学生的知识掌握情况并给予反馈，从而促进学生的自主学习。

（六）评价从描述与定性走向分析与定量

在传统教育教学体系中，难以找到超越考试的评价方式，即没有比考试更为妥当、公平、科学的评价方法。但在互联网条件下，教育价值趋向多元，教育评价方式面临全面转换的现实需要，以成绩为唯一标准的评价方式将得到改变。互联网应用于教育评价特别是基于大数据技术的教育评价将主要带来以下方面的变化：一是评价依据更加丰富。"互联网＋"很大程度上能够克服传统教育评价难以收集评价依据和评价信息单一化、片段化的问题，不但可以全过程、全方位采集教育数据，而且评价领域还将从知识领域向技能领域、情感、态度与价值观扩展，技术的发展，将能够收集考试成绩之外的学生认知结构、情感因素、心理倾向、实践能力等非结构化数据，从而支持综合性、系统化的评价，使教育评价的内涵和功能得到拓展。用大数据为基础的评价，将反映更加真实的评价对象，洞察纷繁表象背后隐藏的教育问题，摆脱经验主义的束缚，提供更为科学的指针和方向。二是评价将贯穿整个教育过程。互联网使嵌入学习过程的伴随式评价成为可能，在评价方式上从总结性评价发展为过程性评价，更加重视评价的诊断、激励和改进功能，更加关注学生的个体差异，尊重每个学生的特点，促进学生个性化发展。三是评价更加开放和便捷。通过互联网平台，教师可以依据学习表现评价学生，学生也可以对教师的教学成效打分；学校和教育部门借助数据可以远程分析评价教学活动和学习绩效，家长也可以通过数据及时了解孩子的情况和学校的教育质量。在"互联网＋教育"环境中，每个人都是评价的主体，也是评价的对象，社会各阶层也将更容易通过网络介入对教育的评价，使评价变得更为方便也更为深入，学生的积极性更高。四是评价从关注筛选到关注促进发展。基于互联网技术，教育评价可以实现因人而异的适应性评价，评价后及时提供个性化的、可视化的反馈将成为教育评价重要的发展方向。目前，云校等国内互联网教育企业已经在尝试通过挖掘管理、教学、学习的基础数据，构建科学的学生成长模型，为对学生进行系统评价创造条件。这些探索代表了"互联网＋教育评价"创造有效评价依据和支持保障评价应用的发展方向。

二、"互联网＋教育"将带动传统教育的升级

（一）"互联网＋教育"的变革趋势

随着"互联网＋"的发展，教育领域改革浪潮的涌动催生了很多形形色色的在线教育新产品，但冷静观察，发现我们尚未形成具有全国影响力的成熟的"互联网＋教育"的新模式，"互联网＋"并未给教育带来太多实质性的变化。但这并不妨碍我们设想和探索"互联网＋教育"的创新模式。可以预见的是，随着信息技术的发展和进步，"互联网＋教育"将因为互联网的特性而与社会生活更加紧密地联系起来，互联网将渗入教育全过程，与教育各个环节进行更加深刻的联动，我们将迎来一个"互联网＋"时代开放创新的教育新形态。

1.教育信息化程度越来越高

教育信息化是利用信息技术对当前教育进行改革，使其跟上信息革命的步伐，适应正在到来的信息化社会的变革。我国教育信息化已经取得了可观的成绩，各级各类的教育积极探索了适应现代社会的各种教育方式。"互联网+"时代，教育信息化与传统教育模式相比，有以下特征：一是信息质量逐渐提高。在互联网时代，任何学习者都可以凭借网络获得丰富的信息资源和广泛的人际互动交流机会。学习者所面对的教师不再局限于本校、本课程的老师，而是可以在在线教育平台共享更多优质教育资源和更高质量的教育信息。随着"互联网+教育"的发展，这些教育平台上所展现的教育内容将越来越强调学术性与生活性的相互融合与转化，也将更多地连接实际生活，并随着移动设备的普及，基于情境问题的动态配置课程将成为现实。大规模开放课程还将为学习者提供更多选择空间，从而满足学习者个性需求。二是信息传递和运行成本降低。现代信息技术的发展带来了越来越快的信息传递速度，从而大大节约了全社会信息传递的成本，而"互联网+教育"的实施也大大降低了教学运行的成本。在传统教育中，学校一直是知识和学习的中心，而信息技术的发展，将大量知识和信息推到了"无固定地点"的网络上，从而催生了相关的教育市场，大规模的公开在线课程备受关注。这些课程不仅可以充分利用有限的教师资源，达到教学成果最大化，还可以降低人们求学的经济成本，让难以支付高昂学费的人能低成本地接受教育。三是信息交流更加方便。教育信息化使学习者可通过在线教育平台随时学习和下载网上教学资源，并与教师或其他学习者进行互动，信息交流更加方便。而随着"互联网+教育"的发展，互联网与教育的结合将逐渐从将传统教育生搬硬套搬到网上的初级形态突围出来，教师的角色将从知识的传授者转变为依据学习者个人特质做知识的提供者和辅助者，成为课堂教学的组织者和帮助者，而不仅仅是知识的灌输者。教师在教育过程中，将更加注重教育资源的设计，重视通过与学习者的互动，引导学习者自主、探究与合作式学习。与此同时，教育将更加注重通过建立虚拟社区平台等，为学习者之间进行问题探讨、交流学习经验、分享学习成果等组建网络学习共同体，营造良好的学习氛围。信息技术将始终有效地融合于各学科的教学过程，从而彻底改变单纯灌输式的教育模式，重构以互动、共享为核心的动态教育模式。

2.教育创新化程度越来越高

创新是教育在"互联网+"时代生存不可或缺的要素。教育只有不断创新，才能跟上时代的发展。互联网在教育领域的渗透表现为已先后创建很多网络教学平台、网络教学系统、网络教学软件、网络教学视频等，改变了课堂教学手段，大大提升了教学素养。例如，互联网使一些在线学习产品通过记录在线联系、作业、测验和考试等，从而形成知识点、章节、学科、学期等多维度的学习测评报告和分析图谱，进而带来了个性化学习和教学流程的变革。创新需要自由宽松的社会氛围、多元开放的文化环境、深厚广博的知识背景，而互联网帮助我们构建了这样的"土壤"环境。在"互联网+"时代，创新将不仅包括教学目标、教学工具、教学内容等方面的创新，还将包括教育思想、教育体制、教育评价等全方位的整体创新，创新将对传统教学组织形式带来革命性的变化。

3. 教育多元化成为常态

无论是在国内还是国外，教育单一化问题一直是教育改革面临的重大课题。在传统教育模式中，各层级的教育学制、课程、教学模式、教育结构等都趋向一致。在培养目标上，讲求对同一年龄层、同一学业水平学习者的共性要求，缺乏对不同学习者个性化培养的意识。在教学过程中也强调标准化、同步化的教学进程，忽视了学习者之间的差别和个性。而"互联网＋"时代，随着教育越来越数字化、越来越立体化，教育教学信息的实时生成与采集，让互联网信息服务融入学习的各个业务领域，通过大数据分析学习者的认知、知识、心理结构等，将有助于学习者个性化培养目标的设定和个性化培养计划的生成。数字化发展将促使互联网为教育提供基于数据的智能服务新形态，将使教育得以摆脱单一化局面，并向多元化、个性化发展。教育多元化将在不断丰富教育资源的基础上，更加注重教育目标的多元化、教育的形式多元化和教育评价的多元化等。

（二）"互联网＋教育"带动传统教育升级

伴随着大数据、云技术的发展，互联网在教育领域已经引起了思维方式、教学方式、教研方式等一系列变革。随着众多在线教育产品的推出与流行，"随时随地，想学就学"也成为一种时尚。面对"互联网＋教育"的迅猛之势，一些专家表示，传统教育将会被互联网教育彻底颠覆，到那时，传统的学校将会消失，老师可能会失业……

诚然，互联网开启了教育的新时代，但客观来说，互联网也给教育教学领域带来了更大的挑战。目前很多在线教育确实具有一些传统教育不可比拟的优势。例如，在线教育可以提供优质的教育资源、智能化的学习软件、便利的学习工具，灵活的方式，这更能激发学习者学习的兴趣，同时学习成本较低，也使学习者摆脱了时空局限，让学习者可以根据自身情况自由安排学习进程，也可以把大量碎片时间充分利用起来，让学习者有更多的学习自主权和选择权，这些都是互联网驱动教育发展的优势。但实际上，互联网对教育的这种驱动和变革并不能完全替换传统的学校教育。就如同印刷术出现后，图书的生产成本大大降低，图书变得唾手可得，馆藏图书更加丰富，但印刷术并没有颠覆传统教育，反而对传统教育发展起了极大推动作用，让图书成为教育的重要元素。互联网也是如此。

互联网可以让教育囊括各时各地所有的优质资源，但是它不能替代我们去解决人们学习中涉及的情感、性格、气质、人格、意志等事项，这也是互联网媒体与人脑之间存在的最后距离。在这段最后距离里，互联网的信息优势难以有效得到发挥，这也决定了互联网教育并不能承担所有的教育职能。教育并不是单纯的传递知识，在传统教育模式下，学校教师在授课之余，还能通过鼓励、安慰、启发学习者，分享学习者情感，面对面的情感交流与互动，让学习者感受与教师、同学、班集体和学校的关怀及温暖，帮助学习者心智健康发展。而这些教育过程中的情感体验恰恰是互联网教育面临的最大挑战。例如，一个学习者可以通过互联网学习几年某大学的课程，但并不意味着这个学生就能具备该所大学的人文特质和人文精神；一个学习者可以通过在线教育，与其他人一同各自在家中学习某种知识和技能，但却无法拥有传统学校教育所能培养的单纯快乐的同学情谊；学习者可以通过网络题库的答疑了解某个知识点，但对这个知识点却不一定能达到举一反三的程度。

互联网是一柄双刃剑。一方面，通过互联网建立的虚拟社交平台给师生交流带来了便捷性，但网络授课也让原本师生面对面的交流变得虚拟化，使学生注意力下降，合作意识淡薄，甚至会影响学生对课程的接受程度。而相对而言，传统课堂的授课模式，则更容易带动师生进入深入的交流和探讨中，有利于学生合作意识、人际交往和沟通能力的培养。与此同时，学生在传统学校教育中还能在与教师和同学的互动中，形成社会化关系，真实深厚的师生情和同学情将让人终生受用，这对每个人而言都具有巨大的潜在价值。另一方面，互联网丰富多元的信息也意味着信息的泛滥和学生选择的困难，对学生而言，如果没有教师的引导，学生很容易在浩瀚的知识海洋中迷航，即难以掌握学科知识的总体脉络和主线，学习效果也会大打折扣。尤其是思想政治教育，如果缺失老师面对面与学生的交流、引导，没有老师帮助其正确辨识各种意识形态和价值观念的激烈碰撞与冲突，学生很容易在多元价值观的交锋中失去方向。传统学校教育尤其是大学教育浓郁的学术氛围和开放自由的学术风气，能让学生在校园中、在课堂上感受老师的人格魅力及同学间朝气蓬勃的气氛，有助于培养学生健全的人格和丰富的情感意识，而这恰恰也是互联网教育的短板所在。因此，现实的学校和课堂教育不会被取代。教师的作用、学生间的交流、课堂氛围也无法被取代。

事实上，无论形势如何灵活多变，"互联网+教育"的核心和本质其实都不会变。就如同互联网被传统企业掌握之后，其本质还是原所在行业的本质。例如淘宝网其实质就是"互联网+集市"，天猫商城就是"互联网+百货商场"，优酷网就是"互联网+影视"，携程网就是"互联网+旅游"……这些都是传统行业利用互联网这种更有效率、更有经济规模的方式来创新的一种供需模式，一种传统行业新的生长点。这其中，互联网是传统行业升级转型所需找到的一个立足点、一个平台。"互联网+教育"也是如此，其实质也是利用互联网，运用互联网思维、技术和模式来找到教育新的生长点，改造传统教育生态，实现教育系统的结构性变革，实现教育的目标。因此，"互联网+教育"并不是对传统教育的彻底颠覆，而是对其的转型升级。

教育的本质更多的是对人本身的关注。在"互联网+教育"的浪潮中，并不存在互联网教育和传统教育鹿死谁手的问题，也不存在谁输谁赢的问题，更多的是二者如何相互借鉴、互为补充，如何融合，以及如何融合得更快的问题。无论互联网技术如何发展，教育的初衷都是育人，"互联网+教育"并不是简单地将互联网与教育相加，而是将传统教育置于"互联网+"的背景下，重新思考教育的目标、教育的方式、教育的形态等，从而克服传统教育的时空局限、资源分配不公、个性化教育缺乏等不足，并给予传统教育升级转型的动力和养料，推动教育更大的发展。"互联网+教育"必然要体现平等、开放等互联网特质。实际上，平等、开放也意味着民主，意味着人性化。从这个意义上讲，"互联网+教育"是一种真正以人为本的教育，也是一种人性的回归，即人人都是教育的生产者，人人又都是教育的消费者。"互联网+"敲开了教育原本封闭的大门，也加速了教育的自我进化。因此，"互联网＋教育"不是要取代传统教育，而是要借助互联网，运用互联网思维，将互联网与教育进行双向连接、互动和渗透，为传统教育找到新的生长点，带动传统教育掀起一场深层次全方位的变革，构建更加适应社会发展的开放创新的新型教育生态，让教育在"互联网＋"时代能更具持久的活力，让教育更加人性化。

总之，面对"互联网＋"的挑战，教育不能坚守避战，故步自封，抵制现代化的教育浪潮，也不能任由互联网"肆意妄为"。我们需要保持冷静清醒的头脑，从教育变革的真正需求出发，抓住机遇，直面挑战。无论是"互联网＋教育"还是传统教育，只要能提供最好的教育方案，达到最好的教育效果，就是最好的教育。

第三节　"互联网＋"时代思想政治教育的变革

一、"互联网＋"时代思想政治教育面临的机遇与挑战

互联网的发展和日益普及，使人们的信息获取方式、交往方式和思维方式都发生了极大的改变。"互联网＋"时代的到来，促使思想政治教育的领域和途径得以拓展，思想政治教育的现代化和网络化成为必然趋势，也是网络社会中人的全面发展的客观要求。

（一）"互联网＋"时代给思想政治教育带来的机遇

当前，面对"互联网＋"时代的浪潮，思想政治教育正在面临革新。促进人的全面发展是教育的根本目的，思想政治教育是实现人的全面发展的重要途径，这恰与"互联网＋"时代的"用户至上"思维相一致。互联网资源化、信息化、数据化、动态化的发展，为思想政治教育带来了更多的创新发展空间和机遇。

"互联网＋"为丰富思想政治教育内容提供了基础。"科学技术是第一生产力"，互联网的发展为推动思想政治教育改革与创新提供了重要的技术支撑，互联网所传播的信息内容必然与思想政治教育有着密不可分的联系。互联网上的文字、图片、音频、视频等信息的多渠道传递和广泛互联，为思想政治教育带来更加生动、及时、前沿和生活化的教育内容，为思想政治教育注入了全新的活力。此外，互联网资源涉及范围广泛、传播迅速，极大方便了学生跨省市、跨国界的学习与交流，使人们可以通过互联网直接面对不同文化和观点的冲击，这一定程度上也极易对人们的思想观念造成影响，改变其已有的价值体系。由此可见，一方面，互联网海量的信息和内容不断充实着思想政治教育的资源；另一方面，互联网上各种观点的碰撞、各种思潮的交锋也无形中拓展了思想政治教育的内容。科学合理地控制互联网上的信息资源，可以优化思想政治教育的内容，提升受教育者对外界事物的分辨能力，使其在不断变化发展中逐步成长。

1. "互联网+"拓宽了思想政治教育的视野

人类已步入信息时代，互联网作为信息快速传播的主要工具，改变了人类的认知方式，拓宽了思想政治教育的空间，丰富了思想政治教育的内容和资源，创新了思想政治教育的手段。与此同时，也迫使思想政治教育必须适应"互联网+"时代连接一切、跨界融合、尊重人性、强调平等开放等变化，从而进行一场大规模的思想解放，转变教育理念，深化对"互联网+"的认识和应用，挖掘互联网教育资源和途径，拓宽思想政治教育的视野和领域，让思想政治教育能紧跟时代发展的步伐。

2. "互联网+"促进了思想政治教育方式的现代化

随着信息技术的发展，承载和传递信息的载体越来越多样化。第39次《中国互联网络发展状况统计报告》显示，截至2016年12月，我国手机网民规模已达6.95亿人，手机不断挤占其他个人上网设备的使用。移动互联网的极速发展，进一步拓宽了思想政治教育的途径，增强了思想政治教育的趣味性和时效性。迫使思想政治教育必须适应现代科技发展的必然趋势，灵活运用信息技术丰富思想政治教育教学的方式，让思想政治教育途径变得更加具有吸引力、影响力。例如，当前盛行的慕课、微课、翻转课堂等均是对信息技术运用的成果，这既便于学生自主学习、主动学习和及时交流互动，也便于教师利用信息平台的大数据掌握学生的思想状况和学习进展，及时有效地解决学生困惑，进一步促进思想政治教育方式的现代化发展。

（二）"互联网+"时代思想政治教育面临的挑战

"互联网+"时代连接一切的特征，增加了思想政治教育管理的难度。"互联网+"时代的连接一切，让我们每个人处于一种实时互动、全方位互动的状态，去中心化、个性化使人的地位得到了空前的提升，学生的主体性和个性有了更多施展的平台。在思想政治教育过程中，这一新特征的出现无疑创造了平等、互动和自由的教育氛围，促使教育模式从单向的灌输式向双向的互动交流式转变。但同时它也冲击了传统的思想政治教育。传统的思想政治教育主要依靠课堂、教材等载体，通过思想政治教育工作者的理论解读与言传身教，引导学生在身体力行中树立正确的价值观念。而在"互联网+"时代，移动互联网技术的发展，使得信息全时段、全方位覆盖，也导致教师的权威性受到挑战。教师在知识、信息量的占有方面不再延续过去的主导和优势地位，学生与教师可平等地获取网络信息，甚至学生比教师能更及时地掌握一手的信息，学生不再只听教师的一家之言，传统教师的权威性大打折扣；加之"互联网+"时代连接一切的大互联，让信息更加易于传播，却不易监管，使思想政治教育的监管力度和可控性减弱，客观上必然会加大思想政治教育的管理难度。

"互联网+"时代"跨界融合"的特征，动摇了思想政治教育的一般模式。"互联网+"时代的内核是互联网思维，强调空间维度和时间维度的泛化，也突出对传统业态的跨界融合与颠覆。而在意识形态领域，面对主体意识较强的"90后""00后"，互联网思维营造的自由、民主、互动的氛围超出以往，这在很大程度上也冲击了传统思想政治教育模式。在"互联网+"时代，学生可以充分借助互联网获取丰富的信息，并在与互联网的各项互动过程中，越来越依赖互联网，使自身的认知、交流方式和生活方式不断地"网络化""社会化"。相比较而言，思想政治教育的传统教育教学模式与互动交流方式却远远没有跟上互联网发展的步伐。教育教学理念相对滞后、教育内容相对统一缺乏个性化、教育手段简单死板、教育媒介单调枯燥、教育教学时间严格限制，思想政治教育与互联网的跨界融合严重滞后，导致学生对思想政治教育的排斥及学习兴趣的丧失。

"互联网+"的开放性和多元性特征，冲击了思想政治教育的内容。思想政治教育内容具有明确的政治性、目的性、科学性和系统性。在 Web1.0 时代，由于网络信息基本上都是经过把关人的筛选和处理才进行传播，因此，学生一般从互联网上接触到的都是正面的以弘扬社会主流价值观和价值体系为主的内容，互联网与思想政治教育能形成较好的合力，使学生对社会问题的分析与看法容易与教师达成一致性，对思想政治教育的内容没有太大影响。但是，以 Web2.0 为基础的"互联网+"时代，信息的开放性、多元性和交互性，使互联网内容更丰富、多元、易变，各种正面的、负面的、积极的、消极的，光明的、阴暗的，高尚的、低俗的信息共同充斥于互联网世界，各种思想交织碰撞，各种思潮相互交锋，对学生的思想和价值观念造成强大冲击，这在一定程度上必然削弱了教师正面信息和社会主流价值观传播的力度，难以达到教育期望中的思想要求和道德规范；与此同时，在"互联网+"发展浪潮下，各种形式新型、内容丰富的网站层出不穷，消耗了大众过多的注意力，而一些思想政治教育网站内容更新迟缓，形式呆板，缺乏创新，对学生缺乏吸引力和影响力，不能很好满足学生的学习需求。不同网站的多元信息给思想政治教育的内容带来前所未有的冲击，使得思想政治教育必须紧紧把握时代脉搏，根据互联网环境和学生的变化，对教育内容各要素进行必要的加工与重组，扩大其教育的视野。

"互联网+"时代"尊重人性"的特征，改变了思想政治教师与学生的定向关系。在传统媒介中，信息传播者常常就是教师，信息接收者常常是学生。"互联网+"时代整个网络的核心不是网，而是人。"用户至上""尊重人性"的思维，解构了传统思想政治教育中教师信息资源的优先权与垄断权，使教师向学生传递教育信息的定向关系遭到了破坏，平等、互动成为这个时代的常态。学生可以根据自己的需要和兴趣任意选择互联网信息，开展自我教育，甚至有时学生在最新信息的获得上往往还会超过教师，传统的教育方式和教师的信息与知识权威性受到了前所未有的挑战，为定向性的思想政治教育增加了难度。学生的主动和能动意识愈加强烈。教师往往只能通过曲折、复合、间接和隐性的方式来开展教育，实现教育目的，对教师自身的素质要求明显提高。在传统媒体中，思想政治教育的信息传播者和教师在很大程度上是结合在一起的，常常是合二为一的，因而有利于教师利用灌输法对学生进行定向的思想政治教育。而"互联网+"的大互联则将信息传播者和思想政治教育者的这种契合进行了剥离，人人都可以成为信息源，成为传播者。"互联网+"时代，思想政治教育者既要做好教育者，还要做好信息的传播者。同时，更要引导学生做好社会正能量的传播者,教师和学生已不再是简单的定向关系。

二、"互联网+"时代思想政治教育思维的转变

"互联网+"是思想政治教育成长的营养源,为思想政治教育发展提供了源源不断的养料,成为一种新的"思想政治教育思维"。"互联网+思想政治教育"的主体仍然是思想政治教育,只是其成长在"互联网+"的"土壤"之上,不能再用传统的教育思维和方式去浇灌它。"互联网+"也不能改变思想政治教育的本质,所能改变的,乃是我们思考思想政治教育、发展思想政治教育的思维方式。

恩格斯在分析近代哲学的基本问题时曾经指出:"我们关于我们周围世界的思想对这个世界本身的关系是怎样的?我们的思维能不能认识现实世界?我们能不能在我们关于现实世界的表象和概念中正确地反映现实?用哲学的语言来说,这个问题叫作思维和存在的同一性问题。"恩格斯的这段话,阐释了马克思主义能动反映论的基本内涵,强调人的思维是社会存在与周围世界的客观反映,同时,思维是否反映社会存在的问题,为思想政治教育发展提供了价值导向,这就是思想政治教育的思维发展必须符合社会存在的要求。因为思维作为人脑的产物,是人类在面对问题、处理问题时的思考模式,必然依赖于现实的存在,换句话来说,社会存在决定了人类的思维方式。正如我们所熟知,农耕文明时代人类容易形成"小农意识",工业文明时代的到来使交通和通信更加便利,人类真正成为世界性存在,并开始拥有"世界眼光";信息文明时代人类的社会生活日益网络化、信息化、一体化,特别是互联网的产生使世界真正成为"地球村",思想政治教育作为提升人的思想政治素质的重要途径,其学科发展要想恰当地反映社会存在,并在此基础上促进人的自由全面发展,因此强化思想政治教育发展的互联网思维势在必行。

互联网思维当然也具有人类思维的共性,即离不开概念、判断、推理;也使用分析、归纳、综合演绎;也包含抽象思维、形象思维、直觉思维;等等。互联网思维也必须从实际出发。互联网思维的生成依赖于网络工具及网络技术的充分利用,是人们在社会生活中对自身的生存与发展自觉做出的网络化思考方式,这种思维充分重视网络公众平台及其信息资源的共享性,塑造平等交流、民主互动的网络生存空间。这种"互联互通,共享共治"的网络空间,为思想政治教育发展提供了广阔空间与良好载体,有利于现代人在多元价值的审视与选择中提升思想政治素质,同时,各种信息和内容的良莠不齐也为思想政治教育发展带来新的挑战,其负面影响客观上对现代人的健康成长与幸福生活形成阻滞力。因此,思想政治教育发展的互联网思维,就是要对思想政治教育的发展生态做出网络化思考,既要重视开放环境中互联网对思想政治教育发展的积极意义,也要研究思想政治教育发展中互联网对思想政治教育发展提出的严峻挑战。

（一）互联网思维对思想政治教育的冲击

1. 互联网思维冲击了传统思想政治教育的灌输理论

灌输理论是确立思想政治教育地位、作用、方针、原则、任务、内容的直接理论依据列宁明确提出了"灌输论"并对其进行了深刻阐述。他说："工人本来也不可能有社会民主主义的意识。这种意识只能从外面灌输进去……""从外面灌输"就是向工人灌输他们之前并不了解和掌握的思想，而这种先进的思想体系工人们不可能不学而知，不可能在人的头脑中自发产生，只能通过灌输引导工人自觉学习才能掌握先进的思想。因此，灌输就是对马克思主义中国化最新理论成果等思想政治教育内容进行具体阐释，将思想灌注和输送给学生，促使其通过学习、教育、实践，提高政治意识和思想觉悟，这是思想政治教育最根本、最直接的方式。而互联网是没有中心节点的网状结构，虽然不同节点有不同的权重，但没有一个点是绝对的权威。互联网技术的结构决定了它内在精神是去中心化，是分布式，是平等的。随着"互联网+"时代的到来，人们生存状态的网络化程度越来越高、越来越普及，青少年群体已普遍形成了网络化的生存方式与生活习惯，他们对知识的获取和认知已不再简单地服从于权威发布的信息和内容，而是不断尝试用互联网上获取的碎片化知识和经验来形成自我对信息的内部加工，重构对现象和事物的自我认知，挑战简单说教的权威。但与此对应的一些思想政治教育者却在生活状态的"网络化"程度上逊色于青少年群体，尚未完成新形势下的"思维升级"，确切地说，还没有真正形成与时代发展相一致的互联网思维。互联网思维使本就困难重重的必要理论灌输变得更加举步维艰，学生也更具有质疑精神。不断强化的灌输教育使教师与学生之间距离拉大，教育效果不甚理想。

2. 互联网思维打破了传统思想政治教育的单向思维模式

在传统的思想政治教育中，教师普遍具有理论上的优势，处于思想政治教育的权威地位，思想政治教育的信息传递机制通常都是"教师—学生"自上而下的单向灌输模式，虽然具有直接性和易于控制的优点，但由于人际交往中的逆反心理等因素的制约，信息传递相对缓慢，学生常常是被动接受灌输教育，教育效果很多时候具有暂时性和表面性。而互联网思维本质上是一种开放性思维。它给予思想政治教育更多与多元文化碰撞的机遇，同时也在一定程度上削弱了传统思想政治教育的"权"。在"互联网+"时代，学生可以绕过教师，借助网络便捷迅速地积极寻找、选择和主动吸收自己需要的信息，甚至在某些领域的知识掌握程度还要高于教师，使得教师对知识的垄断性地位丧失。因此，在一定意义上可以说，互联网思维打破了传统思想政治教育的单向思维模式，这迫使广大思想政治教育者要高度重视思想政治受教育者的主观能动性，重新构建思想政治教育的师生对话模式，整合思想政治教育，使自身更具包容性，以应对教师权威消解的威胁。面对这种情况传统的由教师对学生进行单向理论灌输的模式已显然不能较好地适应时代发展的要求，时代发展促使思想政治教育需要催生新的教育理念。

3. 互联网思维消融了传统思想政治教育的实体性思维

实体性思维方式，是指把存在预设为实体、把宇宙万物理解为实体的集合，并以此为前提诠释一切的思维，是以"实体"眼光看待一切的思维，是古希腊人追求宇宙"始基"和"质料"到近代西方哲学家分析物所采取的哲学思维。实体性思维方式认为，事物的质和属性是事物本身所固有的，与该事物直接统一。这种事物的"质"是坚实的不可消解的，或者说，它的消解就是物质的消解，这种事物的根据就在自身之中，是自足、封闭、孤立的，事物的质是既定的、"本来的"、预定的；事物的质不存在生成的问题；不是在过程中"成为"它的。因此，实体性思维是一种封闭性思维方式。实体性思维反映在思想政治教育内容上，主要表现为重视学生对知识的掌握情况，却忽视其内在的道德养成。在一些传统的思想政治教育中，传授知识的教育教学目标都是预设好的，教育教学内容也是依据规定的教学大纲和教材而确定，教学方法的选择也是为了实现这一规定性的教育教学目标。很多教师受其单一思维方式的局限，不能充分发挥教学主体的能动性和创造性，多采取单一的教学方法，利用其权威地位，照本宣科，填鸭式教学。学生成为被动接受的客体对象，而不是能动的学习主体。教材内容也被教条化、绝对化，教师难以有自己创造性的见解，也难以给学生独立思考的空间。而实际上学生内在的道德养成却是难以进行预设的，不是单纯的认识活动，恰恰是需要在思想政治教育教学过程中，在教师、学生、教材、环境等多种因素的持续相互作用中动态生长。互联网思维的开放性恰好消融了思想政治教育内容的封闭性。互联网时代的开放性，让整个教育教学过程始终在开放的信息环境中，学生对已知的结论性知识的把握已经不是主要目的，统一的教材成为学生迸发思想火花的资源，课程成为学生体验生命意义、实现自我超越的空间，学生的思想和观念处于不同价值观念、不同文化的相互碰撞和交融中，教育过程呈现开放、动态的状态，这些成为促进学生自我可持续发展的重要基础。互联网的这种开放性思维要求思想政治教育要能根据环境的变化及时做出自身调整，既要重视学生知识体系的形成，也要注重在整个教育过程中对实时对学生价值观涵养与确立过程的关注与引导。

4. 互联网思维容易引发学生的精神空虚感

互联网思维的开放性在一定程度上也容易引发学生的精神空虚感。互联网思维的开放性特质有助于开阔学生的眼界，虽然其能推动学生的创造性思维，但也容易导致学生在开放的网络空间中迷失方向，把虚拟的网络社交与现实的社会交往混淆，沉溺于其中而无法自拔，甚至丧失基本的人际交往能力，精神空虚感油然而生。当前学生为独生子女现象普遍，与同辈间互动的机会较少，孤独感明显。这使大学生乐于借助互联网这一虚拟的网络平台寻找心灵慰藉，排解内心的空虚。但正因如此，也更加容易导致一部分学生与现实社会的距离不断拉大，对现实社会的人际交往产生排斥与恐惧，更进一步引发内心的孤独感和空虚感。因此，思想政治教育者要善于利用互联网平台组织、发布各类有针对性的活动，通过开展有生气的思想政治教育实践活动，帮助学生构建有意义的生活。

5. 互联网思维加大了思想政治教育的监管难度

互联网发布的信息虽然具有即时性、隐蔽性的特点，但一些与社会主义主流意识形态背道而驰的社会思潮、价值理念也在肆无忌惮地冲击着社会发展的各个领域，不断渗透、影响与侵蚀着人们的精神家园，互联网上价值传播的裂变性特点决定了思想政治教育的网络监管必须从源头抓起。但监管绝不是"堵塞"而是要"引导、疏导"，要广开言路，给民众发声、表达己见的机会，集思广益，让人们能把各自的观点和意见都充分发表出来，在此基础上，对各种不同的思想和言论进行引导。对此，高校必须建立网上公众平台，由专人负责监督、管理，使学生能方便地采取合理的方式、合法的渠道来表达自己的诉求；同时，还要留意、关注微媒体动态，重视"意见领袖"的培养，鼓励广大师生能积极参与到"意见领袖"的队伍中来，让更多积极、健康、向上的内容充盈于网络，使网络上的自由表达具有理性。互联网的这种开放思维，无形中使思想政治教育的监管难度不断加大。

（二）互联网思维在思想政治教育中的运用

"互联网+"时代要做好思想政治教育，实现教育的升级转型，就要把思想政治教育和互联网思维结合起来。互联网思维的核心是用户思维，是深度理解用户，贯彻"用户体验至上"，注重人的价值体现的思维模式。而思想政治教育是运用马克思主义理论与方法，专门研究人的思想品德形成、发展和思想政治教育规律，对受教育者进行爱国主义、集体主义、社会主义的教育。开展思想政治教育的目的是要培育有理想、有道德、有文化、有纪律的社会主义新人，促进人的全面发展。互联网与思想政治教育一个站位于新锐，一个立足于本质。两者既有趋同点，又有差异性。要想在"互联网+"时代进行思想政治教育改革，就需要将两种思维进行融合。既能在思想政治教育的过程中兼顾教学要求和教学质量，又搭乘"互联网+"的风力，让两者相加大于2，而不是此消彼长。

恩格斯指出："每一时代的理论思维，包括我们时代的理论思维，都是一种历史的产物，在不同的时代具有非常不同的形式，并因而具有非常不同的内容。"思维的理论不是一成不变的"永恒真理"。思想政治教育是武装人的头脑，引领人们形成科学世界观、人生观、价值观的重要学科和基本路径。因此，面对"互联网+"时代的到来，思想政治教育必须与时俱进，积极吸纳互联网思维网状、立体结构和价值传播的优势，确立与时代发展相一致的思维方式，用网络化思考营造网络化教育生态环境，拓展互联网载体，开辟互联网教育路径，创新互联网教育模式，科学回应社会生活信息化、网络化的发展趋势。

一方面，发展思想政治教育的互联网思维，符合环境变化趋势。现代人的信息大多是在互联网上获取的，而且互联网已经日益彻底地成为公众生活密不可分的一部分，这种互联网发展所构造的网络环境对思想政治教育影响非常大。越来越多的家庭和个人成为互联网的使用者，据中国互联网络信息中心（CNNIC）在京发布第39次《中国互联网络发展状况统计报告》测算，截至2016年12月，中国网民规模达7.31亿人，相当于欧洲人口总量，互联网普及率达53.2%。互联网已成为思想政治教育不可回避的重要生态环境。互联网的发展建构了一个既与现实社会相互区别又与其紧密联系的虚拟世界，学生在这个虚拟世界中生存与发展，这为实现其全面发展提供了新的活动领域，同时也引发了学生在虚拟与现实之间活动的矛盾和问题。思想政治教育需要积极应对教育环境带来的影响，学会用互联网的思维优化教育环境，改进教育教学的方式。

另一方面，发展思想政治教育的互联网思维，符合广大学生的学习需求。互联网思维打破了传统思想政治教育自上而下的单向价值传播方式，它塑造了平等交流、民主互动的网络生存空间，强调每个人都是一个信息发布方、精神辐射源，人们在虚拟、平等、互动的网络环境中交流思想、探讨生活，其对广大网络参与者的影响是全方位、深层次的，甚至在一定意义上改变了社会结构、社会关系。学生是互联网运用的主体，他们既是网络价值观的传播者，也是网络价值观的受众。而互联网所传播的信息与价值理念具有强烈的价值导向性，对广大学生有极强的影响力，这正是思想政治教育引进互联网思维的关键所在。因此，新形势下提升思想政治教育的实效性，必须强化思想政治教育的互联网思维。摆脱原有教育思维的框架，重视去中心化的互动交流，形成普遍交往并不断激起青年学生的参与和学习热情，帮助学生在盘根错节的信息中筛选，做出自己的判断并且最终付诸行动。

运用互联网思维，发展思想政治教育环境多元立体思维。"万物皆可互联"的特性使"互联网＋思想政治教育"不再局限于"在线教育"，而是给教育的全过程、各环节带来更多更深刻的改变，即重塑了一个开放创新的教育生态环境。思想政治教育需要积极发展多元立体构建和优化教育环境的思维，从互联网主体的自我改造与自我把握，网络环境的外部约束与管理，网络资源的利用与开发等方面，整合线上与线下、课内与课外、学校与社会等教育资源和手段，建立健全立体复合的"大思政格局"的育人环境，营造教育信息全时空、全覆盖有效传播的整体氛围，从而促进"互联网＋"思想政治教育的顺利开展，增强思想政治教育的实际效果。

运用互联网思维，发展学生的学习创新思维。互联网将全世界的智慧和知识集中在一个开放共享的大平台上，大大缩短了人类获取知识的成本，并带给人们更为宽广的思维空间，也改变了人们的学习方式，人机交互模式、人工智能、游戏化设计等正在不断重构着人们的学习过程，刺激并不断提升着人们的学习体验，从而引发了一场人类新的学习革命。思想政治教育要顺应"互联网＋"时代人们学习空间的多维变化和学习方式的变革，积极应对互联网发展所带来的信息超载和知识碎片化影响，发展学习创新思维，引导学生面对海量的信息学会正确搜索和选择信息，主动摄取对个体知识建构有价值的信息，有意识地将这些信息与自身原有知识体系进行融合连接，建构个体知识体系，并重视对碎片化知识进行创造性重构，以提高学习质量。

运用互联网思维，发展思想政治教育师生平等交互思维。如何确定思想政治教育者与受教育者之间的关系一直是学术界富有争论的问题。有的学者认为思想政治教育的主体和客体是一个十分清楚、也不复杂的问题。加强思想政治教育教学的针对性、有效性，提升思想政治教育的质量和效果，应该毫不动摇地把着力点放在教育者主体身上，并使教育者主体认识到，这是自身的责任，必须花大力气才能实现思想政治教育状况的根本好转。也有学者认为在思想政治教育过程中，教育者和受教育者都是主动行为者，都具有主动教育功能，因为都是思想政治教育过程的主体。其实，不论是"主体说"还是"双主体说"，抑或其他观点，在思想政治教育中，教育者和受教育者均是具有认识和实践能力的人，也是具有理解能力的社会个体，思想政治教育的实施过程不是简单的灌输，而是教育者与受教育者之间相互沟通、讨论，达成"共识真理"的过程。互联网恰好就构成了思想政治教育过程中师生平等交互的基本阵地和发展平台。在互联网环境中，网络交往的平等性、虚拟性与互动性，消除了人际交往中地位、行业等的差别和界限，师生在教育关系中的地位是平等的，思想政治教育者居高临下对教育对象进行说教式的灌输难以有效实施；同时，互联网信息的分享具有强烈的大众参与和自主选择性，充分尊重受教育者个体的独立个性和选择权利，使得传统思想政治教育中师生上下垂直型角色关系在互联网中遭受了严重挑战，受教育者的地位得到了有力的提升；另外，网络语言的简洁性也使得思想政治教育者高深、晦涩的理论解读与价值传播容易击垮教育对象的学习热情，因此必须对其话语体系进行重构。互联网思维，要求思想政治教育者不论是在现实社会还是在网络空间中，都要在交互主体彼此信任的基础上，建立师生之间的良性互动。教育者要以一种平和的姿态与教育对象交流沟通，并走进他们的心灵深处。

运用互联网思维，发展思想政治课程动态重构思维。当代学生思维活跃，富有质疑精神；掌握信息速度快，但辨别力不强；富有激情，但又难免叛逆。针对这样特殊的教育对象，传统的思想政治教育预设课程显然已经很难达到预期成效。多媒体技术、互联网技术、移动智能技术、虚拟现实技术及融合了云计算和大数据思维的学习分析技术等相继介入课程，不仅在物化结构上促成了课程的重大历史突破，而且也对课程传递方式形成了强烈的冲击。纸媒大一统的时代，课程及时更新和互动生成不足。而信息技术非线性网状信息架构模式打破了纸质平面、静态、封闭的内容编排方式，被认为有助于推动课程通过开辟广泛互动与平等对话的渠道来充分调动和释放使用者的参与及创造热情。因此，思想政治理论课要在坚守第一课堂主渠道的基础上，发展课程动态重构思维，强调课程的生成特性，注重学生在课程实施过程中的主观能动性发挥，以适应当前互联网没有中心节点网状结构的特性和大学生网络化程度越来越高的趋势，从而推动大学生主动生成知识经验。

运用互联网思维，发展思想政治教学互动相融思维。互联网思维的生成依赖于网络工具及网络技术的充分利用，是人们在社会生活中对自身的生存与发展自觉做出的网络化思考方式，这种思维充分重视网络公众平台及其信息资源的共享和交互性。当代学生特别渴望表现自我、展示自我，他们从自我表现、自我展示中获得"存在感"的满足。他们更愿意通过资源共享和互动交流的形式来获取更多的知识。因此，思想政治理论课教学要发展师生互动相融思维，让课堂成为师生交流、互动的重要场所，让教学成为师生共同分享知识、相互促进、相互影响的教与学的过程。

综上，互联网的开放、立体、去中心化的思维，使得思想政治教育摆脱了原有教育思维的框架，逐渐显现出环境开放、学习碎片重构、师生密切互动、课程动态、教学多元等多因素相融转型的态势，而这所有的变革都围绕促进学生成长成才这一个中心展开。马克思曾经指出："人的本质不是单个人所固有的抽象物，在其现实性上，它是一切社会关系的总和。"当前，由于互联网的发展，人与人之间、人与信息之间、信息与信息之间已经形成了点对点的直接关系。人与人在网络空间因为沟通需要、信息需要、价值需要而进行相互检索，进而形成网络交往中的人际关系、群际关系，从而对网络参与者的思想和行为产生了深刻影响。因此，面对思想政治教育对象，思想政治教育者要善于运用互联网思维，在环境优化、内容和方法选取等教育过程中，分析教育对象的心理需要与发展需要，在现实生活与网络空间的教育中，把教育对象同他们的实际生活关联起来，把满足网络参与者的心理需求与发展需求同提高素质紧密结合起来，并依据现实社会生活与网络虚拟生活的各自特点思考满足他们实际需要的多维路径，引导他们不断实现自身的自我价值和社会价值。并警惕、分析青年人在丰裕物质生活中的"精神贫困"根源，强化日常思想政治教育与网络思想政治教育，及时调整与制定相应的教育内容，引导其积极投身于个体发展与社会发展的实践活动之中。

第五章 "互联网+"时代大学生思想政治教育的学习革命

当"互联网+"遇到教育时，决定成败的关键不是"网"，而是"人"。"说到底，现代化是人的现代化。教育现代化的终极价值判断是人的发展，是人的解放和主体性的跃升。""互联网+教育"是一个不可逆转的时代潮流，"互联网+"对教育领域的影响将深入骨髓，重塑一个开放创新的教育生态，这种新的教育生态也会突破教育本身的界限，融入"学习型社会"的每一个角落。在推进"互联网+思想政治教育"的改革进程中，以学生为本，关注学生在"互联网+"时代的学习特点，掌握学习的演变和规律，是推进思想政治教育改革的基础和原点。

第一节 学习与学习理论的发展

随着"互联网+"时代的到来，人类信息的传播更加快速，摆脱了时间与空间的限制，使人们的生活方式发生了极大的改变。与此同时，互联网也为人们提供了内容更为丰富的网络学习环境，给学习者和教育者带来了巨大的变化，终身学习成为现实需要。人类学习面临着信息总量的不断攀升、信息更新速度的不断加快和知识不断碎片化的挑战。为了更深刻地理解"互联网+"时代人类学习革命的演变，我们需要对学习理论进行梳理，从理论层面体察学习的变革趋势。

一、什么是学习

在汉语中，"学习"是把"学"和"习"复合而组成的词。孔子说："学而时习之，不亦说乎？"学了之后还要及时、经常地进行温习和实习来达到熟练巩固。"学"就是闻、见与模仿，是获得信息、技能，即主要是指接受感官信息（图像信息、声音信息及触觉味觉等信息）和书本知识。"天言何哉，四时行焉，百物生焉，多识于鸟兽草木之名！"可见，孔子非常重视通过接触万事万物，观察自然现象获得知识和经验。"学"是自学或有人教你学。"习"是巩固知识、技能的行为，一般有三种含义：温习、实习、练习。"学"偏重于思想意识的理论领域，"习"偏重于行动实习的实践方面。学习就是获得知识，形成技能，获得适应环境、改变环境的能力的过程。实质上就是学、息、习、行的总称。

"学习"一词在现实生活的使用范围非常广泛，所谓"活到老，学到老""吾生也有涯，而知也无涯"，终身学习理念的兴起，已经让学习突破了在学校这个特定环境的使用范畴，成为社会每个成员为了适应社会发展和满足个人发展所需，贯穿一生，持续学习的人类活动。

人类的学习可以分为广义和狭义两类。广义的学习是指在人的生活过程中，通过获得经验而产生的行为或行为潜能的相对持久的行为方式；狭义的学习是指通过阅读、听讲、研究、观察、实践等手段获得知识或技能的过程，是一种使个体可以得到持续变化（知识与技能，方法与过程，情感与价值的改善和升华）的行为方式。

学习根据主体的不同，可以呈现不同的形式或类型。大学生的学习，是大学生在接受高等教育的过程中，在教师的指导下，按照高等教育目标的要求，有目的、有计划、有组织进行的，在大学期间系统接受高等教育，以发展个人知识技能，形成符合社会期望的知识技能和道德品质的过程。

学习是人类生存和发展的最基本手段，只有通过学习，人才能成为全面发展的人。学习的功能主要体现在三个方面：一是获取知识。人类几千年的文明，积累了丰富的自然科学、社会科学等知识，只有通过学习，才能将前人积累的经验逐步转化为自己的经验；二是发展智能。通过学习，人的思维能力才能得到更好的发展，观察能力、记忆能力、实际操作能力等智力因素才能得到发展；三是提高人的素质。人的道德品质的形成是知、情、意、行等诸多方面的培养和提高过程，学习是全面提高人的思想道德素质、文化素质和心理素质的重要活动。

二、学习理论的发展

学习理论有很悠久的历史。中国古代传统的学习思想就十分丰富，如"学而不思则罔，思而不学则殆""敏而好学，不耻下问""三人行，必有我师焉，择其善者从之，其不善者而改之"等。总之，中国古代的学习思想强调以儒学思想为主导，以经典著作为学习文本、诸子与释道补充的多元并存的形态。而现代学习思想的基本特征是以中西文化的冲撞与融合为背景，以批判传统和学习西方科技为特征的创新形态。随着全球现代化的推进，学习学科在现代化过程中被空前的突出出来，人们是在认真总结人类学习思想史的基础上，创建了一些新的学习理论。

（一）传统学习理论的三大支柱

1. 行为主义

1913年，以《行为主义者眼中的心理学》一文的发表为标志，华生创立了行为主义。行为主义摒弃了以内省法研究主观的意识，而倡导以客观的方法研究可观察的行为。

行为主义学习理论对学习的解释强调个体可观察到的、客观的行为，而不是内部的心智活动。

行为主义理论家把学习定义为新行为的习得。这种新行为经过多次重复，成为习惯性自觉的行为。行为主义把人的心智看作一个"黑匣子"，我们看不到黑匣子里发生的情况，唯有通过对刺激的反应进行定量观察，从外部推测学习过程，因而不需要非得了解心智中发生的思维过程。行为主义学习理论的主要代表人物有华生、桑代克和斯金纳等。华生认为人类除了爱和愤怒是自发的反应之外，所有其他行为都要通过刺激－反应的条件来联系。学习的结果是使有机体形成刺激－反应的联结，学习过程是通过新刺激与无条件刺激的结合产生替代作用，使前者可以引起原先由后者引发的反应，建立起新的刺激与反应的联结。人的行为、个性和情绪都是学习得到的。桑代克认为学习的实质在于形成刺激与反应的联结，这种联结无须观念做中介。他认为当动物和人在刺激－反应之间建立联系后，如获得正面奖励可以巩固这种联系，当刺激－反应联系的练习做得越多，这种联系越得以加强。当这种联系形成行为范式，便是实现了学习过程。斯金纳主要研究操作性行为，其提出了操作性条件作用学说与强化理论，即在一定环境下操作时产生的行为。斯金纳认为，操作学习与反射学习不同，操作性条件作用强调的是行为及其结果，操作性条件作用的形成就是有机体把强化和所发出的操作反应相联系的过程，强化能够增强反应率的后果，对强化的控制就是对行为的控制。强化是学习成功的关键。斯金纳的程序教学法已广泛应用于当今计算机辅助教学，对于现代数字化学习资源的建设有很大的影响。

2. 认知主义

源自格式塔学派的认知主义学习理论，从 20 世纪 50 年代中期之后，随着托尔曼、布鲁纳、皮亚杰等一批认知心理学家大量创造性的工作，进入了一个辉煌时期。认知主义学习理论是在行为主义学习理论基础上的进一步研究。行为主义学习理论认为学习是受外界环境的刺激，注重外部强化，而忽视学习者的内在动机与主观能动性。而认知主义学习理论重视人在学习或记忆新信息、新技能时不能观察到的心理过程，认为学习不应仅仅强调外显的，可观察的行为，而应关注学习者复杂的内部认知过程。其认为学习是面对当前的问题情境，在内心经过积极的组织，从而形成和发展认知结构的过程，强调刺激－反应之间的联系是以意识为中介的，还强调了认知过程的重要性。认知派学习理论为教学论提供了理论依据，丰富了教育心理学的内容，为推动教育心理学的发展立下了汗马功劳。

认知学习理论的早期代表是格式塔心理学派，格式塔心理学家认为学习是一种顿悟。顿悟说确定了意识的主观能动性，强调完成组织在头脑认知中的作用，为认知心理学的兴起奠定了基础。托尔曼受格式塔理论影响，认为学习是受当前环境的刺激和已有认知的经验影响，从而建立对学习目标的期望，进而获得目的符号形成认知地图，最终储存在大脑中，从而便于遇到问题时进行提取的过程。

瑞士心理学家皮亚杰认为，学习不在于被动地形成反应，而在于学习者主动地对外界刺激进行反馈形成整体性的认知结构，其是一种主体认识的过程，认识的实质即是学习者利用已有的认知结构对外界事物进行加工、改造的动态过程。这种动态的认知学说，全面具体地阐述了学习活动这个认知过程具有整体性的特征。

而美国当代认知学习理论的代表布鲁纳则提出发现学习论。布鲁纳与皮亚杰的不同之处在于他将认知发展理论与实际教学相联系,认为学习是学生主动地感知、领会和推理,包括新知识的获得、知识的转化、知识的评价。

美国教育心理学家奥苏贝尔更进一步强调学习理论应主要关注课堂上的学习。他从学生内部的心理过程角度出发,认为学习是否有意义,取决于新知识与学生已有知识之间是否建立联系,这主要依赖于学习者的认知结构中已经存在的相关知识,学生认知结构中新旧知识的相互作用导致新旧知识的同化。这个同化的过程就是学生内部积极学习的过程。

美国教育心理学家加涅提出的信息加工理论,将学习者头脑中进行的过程模拟为计算机工作的过程,并提出学习的信息加工模式,其影响深远。他将学习结果分成五种,分别是言语信息、智慧技能、认知策略、动作技能和态度。他认为这五种学习结果能够覆盖所有学科,各个学科都可以用这五种分类来制定合适的教学目标。

3. 建构主义

建构主义学习理论是认知主义学习理论的进一步发展。其理论的心理学渊源来自心理学家皮亚杰、维果茨基、布鲁纳等。皮亚杰在应用内因和外因相互作用的观点研究儿童的认知发展后认为,儿童是在与周围环境相互作用的过程中,逐步建构起关于外部世界的知识,从而使自身认知结构得到发展。学习是一种"自我建构"。突出强调人作为认知主体的能动性,认为知识是一种结构,离开了主体的建构活动,就不可能有知识的产生。个体的认知结构是通过"同化"和"顺应"两个主要过程建构起来的,并通过这两种形式来达到与周围环境的平衡。维果茨基提出"社会建构"的观点,强调个体的学习是在一定的历史、社会文化背景下进行的,社会可以对个体的学习发展起到重要的支持和促进作用,因此我们应当重视学习者原有的经验与新知识之间的相互作用。布鲁纳认为,学习是一个积极主动的过程,学习者应依靠自己现在和过去的知识建构新的思想与概念,教授者应该做出更多的努力去激发学生的学习动机,使学习者对学习产生兴趣,从而主动地参加到学习中去,并且从个人方面体验到有能力来对待外部世界。其认知学习理论特别关注知识的结构、学习者的内部动机、多种认知表征方式、探索与发现未知知识、直觉思维、从多重观点中建构知识和价值等。维果茨基、布鲁纳等丰富、发展了建构主义理论,从而形成了比较完整的理论,为其实际应用于教学过程创造了条件。

建构主义强调知识的动态性,认为学习不是信息简单地从外到内的单向输入,而是通过新信息与学习者原有的知识经验双向的互动作用而实现的,也就是学习者与学习环境之间互动的过程。学习者不是被动地吸收信息,而是主动地建构信息。由于学习是在一定的情境中通过人际协作、讨论等活动,在进行意义建构的过程中获得的,因此建构主义学习理论认为"情境""协作""会话"和"意义建构"是学习环境中的四大要素或四大属性。建构主义学习理论认为教学并不是知识的"传递"而是知识的"转化",提倡在教师指导下、以学习者为中心的学习,也就是说,既强调学习者的认知主体作用,又不忽视教师的指导作用。学习者是建构知识的主体，而非外部刺激的被动接受者和知识的灌输对象。学习者的学习具备积极性、建构性、累积性、目标指引性、诊断性和反思性等特征，而教师则是意义建构的一个环境因素，对意义建构起着不可或缺的帮助和促进作用，是整个学习过程中的组织者、帮助者和促进者，而不是知识的传授者和灌输者。建构主义学习理论最大的贡献在于强调了人的主体作用，这对我们全面地认识学习的性质和学习的过程有重要的启示。

从行为主义到认知主义，再到建构主义，随着社会环境及其技术条件的推动，学习理论不断深化、完善。但行为主义、认知主义和建构主义等学习理论都创建于网络化程度较低、学习技术含量尚不高的时期。而近些年来，信息技术尤其是互联网技术的飞速发展，使得人们生活、交流与学习方式逐渐被互联网技术所重组，学习发生了翻天覆地的变化，为学习理论和实践拓展了空间。

信息时代，人类知识具有总量"海量化"，"半衰期"大大缩减，不确定性增加，复杂性增加，以及知识获得的非线性等特点。知识也不只是驻留在人类的大脑中，还可以驻留于非人类的器具，以及驻留于互联网中。人们的学习已不仅存在于学习者内部，技术发展也能促进学习。如今学习内容呈现一种零散、无序的碎片化状态。当代大学生是伴随着互联网成长起来的"网络一族"，其接触信息的途径越来越多，且不迷信权威，喜欢借助搜索引擎找寻自己需要的信息，并成为知识和信息的主动寻求者、运用者和创造者。因此当代大学生学习耐性降低，注意力短，喜欢体验式的和任务导向的学习方式。

显然，传统的学习理论会随着环境的发展而不断进行自我否定和自我改进。然而当互联网学习和非正式学习大量涌现的时候，当知识呈现爆发式、井喷式增长而让我们没有足够的时间进行信息加工，也没有必要对所有我们需要的知识都进行意义建构时，我们迫切地需要新的学习理论，去解释我们的学习方式和过程。

（二）网络数字时代的学习理论发展

1. 关联主义

20世纪90年代以来，互联网技术的快速发展为人们营造了四通八达、内容丰富的网络学习环境，大大拓展了人们获取信息的途径，并为人们的学习活动提供了强有力的技术支持。关联主义学习理论就是在Web 2.0、社会媒体等技术快速发展及知识更新速度日益加剧背景下催生出的重要学习理论。

2004年以来，加拿大学者乔治·西蒙斯陆续在网络和相关国际刊物上发表了相关文章，其对新时期学习行为机制进行了综合分析和高度抽象。他指出Web2.0技术已经改变了学习面貌。由于脑科学和社会化学习理论的发展，我们对学习行为和过程有了新的理解。知识的增长速度也不再是传统学习理论所能容纳的，学生的学习方式更加多元，也更适应游戏化学习、在线设备网络学习和移动设备学习等方式，无论是行为主义、认知主义，还是建构主义，都已不能有效揭示学习的社会机制。因此，相关学者提出了一种与21世纪新需求相适应的学习理论——关联主义学习理论。

知识观。关联主义认为知识经历了从分类、层级到网络和生态的变革过程，知识能被描述但不能被定义。在网络时代，信息节点之间的联结构成了知识。知识的存在是一种动态的网络，时刻在被创造、修改和传播。除了传统意义上静态的定量知识和定性知识之外，还存在第三种类型的知识，也就是分布式知识。知识是分布在信息网络之中的，以各种各样的数字化形式存储着。更确切地说，关联主义中的知识就是由学习者活动和经历所形成的联结的集合。在网络时代，知识被众多的人创造、传播、挑战、修改、完善和更新与扬弃。西蒙斯认为，知识就像输油管道中的石油，管道中的内容在快速变化。在关联主义中，知识可以归纳为事实知识（know what）、原理知识（know why）、技能知识（know how）、人力知识（know where）等类型。

学习观。关联主义认为，学习主要是一个连续的、知识网络形成的过程。网络一旦建立，信息和知识流就在网络中流动，这样不同领域、不同节点之间就连通起来。网络中的节点可以是人、组织，也可以是图书馆、数据库等任何信息源，也就是说"学习即网络形成"。学习网络内的所有节点都会持续地保持相关性。我们的学习网络就是建立一种知识网络，通过不断地增删、强化、弱化节点，来重塑、调整以纳入新信息，反映新环境，削弱不再有价值的节点，从而使得知识网络呈现时代性，进而使学习网络不断优化。这一过程中，我们的情感和认知也会影响节点之间的连接，跟其他节点连接较好的节点会很快被聚合到网络。

关联主义认为，知识可能存在于非人的工具设施中，也可能驻留于网络中。随着信息时代的快速发展，知识半衰期不断缩短，学习内容的有效性和准确性也时常处于变化当中。这也就使得一个人对某一个事物的理解，以及他理解这个事物的能力都会随之而变化。学习者不仅仅是知识的消费者，同时也是知识的创建者。在这个"富"知识的社会中，我们并不是对所有的知识都进行内部认知加工和知识建构，而很多时候，我们是要把内部认知加工任务卸载到知识网络中。关联主义学习活动的目的是保持知识的时代性，即"管道"比"管道"中的内容更重要。当个体需要某种知识时，"知道在哪里"和"知道谁"比"知道什么"与"知道怎样"更重要。也就是说，面对知识生命的短暂化，获取知识的途径比学习者当前掌握的知识更重要。而在网络世界里，连接能促使我们学到更多。

关联主义认为，知识以片段形式的分布式存储促使了适应网络化、数字化学习环境的新型学习方式——分布式学习的产生，其强调学习就要把散布于知识网络各个节点连通和聚合起来。关联主义认为，传统的学习理论，无论是行为主义、认知主义，还是建构主义，都认为学习是发生在学习个体内部的活动，即学习为将外在的知识转化为学习者自身知识、经验的过程。而这些理论现在已跟不上知识发展的速度，虽然我们的心智并不总是在建构，但却是连通的。知识的流通是所有学习活动发生的必要条件，更是学习活动的目的。因此，关联主义以网络时代互联网技术的发展为前提，认为学习过程是不断建立外部人际"网络"、内外知识"网络"和神经"网络"的动态过程。学习是一个持续的过程，需要持续终生。

综上，关联主义适应了社会发展的形式，迎合了数字化学习的客观需求，对学习内涵进行了全新的阐释，不同于以往行为主义、认知主义和建构主义学习理论——将个体学习看作发生在学习者内部的机制，关联主义强调并拓展了学习的外部特性，其认为互联网技术的发展可以帮助人们将部分学习活动卸载到人们的心智以外。另外，关联主义也强调学习内容的时代性。以往学习理论或者直接将学习者看作有待填充的知识容器，或者意图通过创建环境、提供条件来帮助学习者逐步建立起与客观现实越来越相符的认知结构，而对学习者所获知识是否是最时新的、最有效用的，以及是否有利于解决当前问题的时效属性未加关注。

2. 新建构主义

中山大学现代教育技术研究所王竹立于 2011 年在博客上首次发表了《新建构主义——互联网时代的学习理论》（后刊发于《远程教育杂志》），新建构主义与加拿大学者西蒙斯的关联主义被一些学术刊物并列为网络时代两大学习理论。

新建构主义学习理论和关联主义一样，都是为解决数字化时代的学习问题，提升数字化时代的学习质量而提出的。但两者研究对象相同，而研究侧重点和关注点不同，提出问题的解决思路和方法也有不同。

新建构主义是在建构主义基础上发展起来的，而不是在关联主义基础上发展起来的。新建构主义认为，在网络时代，连通（管道）固然非常重要，但内容（建构）同样重要。因为没有个体对知识内容的建构，连通（管道）就失去了意义。新建构主义面对人类学习面临的信息超载和知识碎片化挑战，提出了一整套网络时代的个人化学习方法和策略。相比关联主义把学习过程比喻为建立网络，新建构主义则将学习网络比喻为知识银行，把个人学习过程比喻为个人与知识银行之间的互动过程。其认为网络时代，"零存整取"式的学习是对知识碎片进行加工整理，实现意义建构最好的策略。新建构主义提出从积件式写作，到个性化改写，再到创新性重构的循环过程，其核心思想是将网络视为一个虚拟的知识银行，把博客看作个人在网络知识银行中的账户，通过对同一主题博文从积件式写作（相当于个人账户"零存"），到最后创造性重构（相当于到银行"整取"）的过程，从而实现化零为整，完成知识创新。王竹立针对信息超载提出了个人选择的原则，即"以个人需要为中心"原则和"以问题解决为中心"原则；针对隐性知识的挖掘提出了"内读法"和"深谈法"；针对各种矛盾观点并存的现象，提出了"包容性思考法"；等等。

新建构主义可以说是关于网络时代创造性学习的理论。其将创新提到一个前所未有的高度，主张"为创新而学习，对学习的创新，在学习中创新"；其还指出在网络时代，学习、应用与创新三个阶段日趋合一，学习就是建构，而建构蕴含创新，创新是学习的最高目标。

显然，新建构主义适用范围主要在网络学习和个人知识管理方面，对结构松散性知识的学习和非正式学习更有指导意义。它也是由中国人首创的、适应网络时代学习和知识管理的新型理论，其将对中国教育和未来的学习产生深远的影响。

第二节 "互联网+"时代的学习变革

互联网的世界是智能化的世界。互联网将全世界的智慧和知识集中在一个开放共享的大平台上，实现了巨大的社会整合盛况，让所有人都可以在其中学习知识、生成知识，大大缩短了人类获取知识的成本，也带动了人类智慧的大发展。互联网世界构建的虚拟世界，让人们的自我体验延伸到真实世界之外，虚拟与真实的交织，带给人们更为宽广的思维空间，也改变了人们的学习方式，人机交互模式、人工智能、游戏化设计等正在不断重构着人们的学习过程，刺激并不断提升着人们的学习体验，进而引发一场人类新的学习革命。

一、学习空间的多维变化

"学习空间"这一术语兴起于20世纪90年代，从字面意思理解，学习空间是指用于学习的场所，它与教学空间、教学环境、教室等概念的内涵有相似之处。但实际上，学习空间并不等同于传统意义上的教学空间等概念。在传统的教学中，只要有一间教室，一个位于前方的三尺讲台、行列式桌椅布局，有清晰的前后方向等，就足可以构成一个典型的教学空间，进而开展面对面的教学活动。而学习空间是随着人们对学习过程理解的变化、计算机网络通信技术在教育领域的广泛应用，以及人们对非正式学习的重视而兴起的一个概念和理念。与传统教室、传统实验室等教学空间在设计理念和形态特征上都有区别。第一，学习空间蕴含着学习不只局限于学校课堂中，它可以发生在任意场所，涵盖校园内与校园外、正式与非正式的学习空间；第二，学习空间蕴含着物理场景与虚拟场景，学习空间通过物理场景与虚拟场景的有机耦合来实现对学习的支持；第三，学习空间是从学习者的角度出发，以促进学习为目标而构建的，强调考虑如何激发学习者学习兴趣、支持与学习相关的活动来促进学习者的学习；第四，学习空间强调提升学习者的学习兴趣，促进学习者的主动学习与协作学习；第五，学习空间是需要通过信息技术的增强来促进学习者的学习。由此可见，学习空间是基于学习环境与学习支持的视角而提出的，无论是从真实到虚拟，从教室到网络，从早上到晚上，学习空间包括学习出现的所有时空，只要是学习发生在其中的环境，都是学习空间，而这个空间也是可以被规划、被设计的。"互联网+学习"恰恰就是对学习空间理念的现实应用和验证。

（一）学习资源形态多元化

学习资源是学习空间的重要组成部分，是支持学习开展的根本前提。广义的学习资源指分布于学习空间可供学习的各种内容、案例、材料、组件、对象、工具、角色等的总和。狭义的学习资源专指学习内容与对象。因此，所有支持学习的原材料都可被称为学习资源。

互联网是对全世界智慧和知识的一个巨大整合平台，具有快速、低成本、超大信息量、超多信息种类的特点。互联网使得人类的学习形态发生了全方位的变化，不再集中于一个物理空间，而是可以畅游于知识和技能多维组合的学习库中，这个库既可以是实体的，也可以是虚拟的。人们可以利用全世界的电子资源，查阅全世界的电子图书，查看全球各大网站的数据资料，而不再局限于某所学校的某一个图书馆或阅览室，这大大拓展了知识来源的深度和广度，让我们的学习资源更加丰富多彩。

1. 纸质学习资源获取渠道拓宽

互联网让我们的学习渠道变得无所不在。阅读纸质书籍是人们接受教育的一种极为重要的形式，无论网络技术的发展有多么先进，仍然有人习惯于纸质阅读，纸质阅读也是"互联网+"时代，人们学习的一个重要途径。不同之处在于"互联网+"让人们获得纸质书籍的途径大大拓展。例如，当当网、亚马逊、淘宝网等提供的纸质书籍买卖渠道，就是"互联网+书店"的最好形式。人们按照自己所需在互联网搜索相关书籍，只要在网店下单，就会送书上门，极为方便地满足了学习者纸质阅读的需求。与此同时，"互联网+书店"还提供了很多纸质书籍的电子书，可以无限制、无携带，方便地保存于网络中，只需学习者点击阅读即可，再也无须案头堆积如山。

2. 互联网学习资源更加丰富

学习资源的全互联网化，是"互联网+"时代教育信息资源建设领域的一大发展趋势。进入21世纪，随着移动互联网、智能终端、云计算、大数据等技术的发展，以及关联主义、新建构主义等学习理论的涌现，出现了公开教育资源（OER）、大规模开放在线课程（MOOCS）、微课、学习元、体感交互教育游戏等学习资源新形态与新机制，其呈现出从平面到三维、从电脑到手机、从封闭到开放、从预设到生成、从网络课程到微课、从内容到活动、从资源到认知网络、从通用到个性化、从知识到智慧等发展趋势。人类的学习正在走向虚拟与现实的融合，即人类的学习穿梭在自然、社会和虚拟空间构成的三维世界中。第一，开放性资源。学习资源的全球开放催生了MOOCS等大量的视频公开课，出现了维基百科等用户协同编辑的开放资源，近年来，又出现了线上线下相融合的新资源，使得开放的不仅仅是网络资源，还包括各种社会场所、社会机构提供的线下教育资源，从而打造了更广泛的开放教育资源体系。第二，整合性资源。为了满足学科综合性发展及"互联网+"时代的人才培养需求，国际上开始流行科学、技术、工程和数学教育（STEM）和创客课程，很好体现了对学习资源的整合。例如，国内以南方科技大学实验学校和南京外国语学校为代表的一批国内中小学校，积极推进的"STEM+"课程，就是一种"统整项目课程"，以某个学科为主导整合其他学科知识，打破原有单一课程体系，实现跨学科融合、拓展和提升。第三，碎片化资源。"互联网+"时代移动终端的普及、社交媒体的发展及生活节奏的加快，不断将人们推向碎片化的中心，阅读碎片化、思维碎片化、消费碎片化、创作碎片化、沟通碎片化……甚至连休息也碎片化，碎片化正在成为人类的生活方式。微信中随时收到转发的信息，或是一段精细剪辑的视频，或是一篇精炼的小文章，抑或是一段英语听力材料，还有微课视频等，这都是碎片化的学习资源。"互联网+"时代，碎片化的学习资源将更有利于知识的快速传播与共享，也更有利于人际智慧的互联互通。第四，生成性资源。生成性资源是相对于某个团队、机构或个体预先设计好的预设性资源而言的，强调人们在学习中，由学习者参与生成的具有过程性、参与性和进化性特征的资源。依据二八定律，人的一生中大概有80%的时间为非正式学习，学习者的学习动机往往来自及时解决当前遇到的问题。而仅仅依靠少数资源提供商、教师、学科专家等生产、传递的预设性学习资源已无法满足"互联网+"时代的学习发展需要。目前，国际上出现的SGC（student-generated content，学生生成的内容），就是鼓励学生在教师的指导下去创作课程内容，重视资源生产与应用过程中产生的过程性信息（评论、帖子、批注、问题等）的搜集，而非单一地接受课程知识。第五，移动化资源。移动技术与学习的结合正在将我们带入移动学习的全新时代：学习者可以在任何地方、任何时刻获取所需的任何信息；即时感知周边环境和服务，发现相关信息，自动过滤掉与自身无关的信息；通过多种工具便捷地开展互动交流，结识更多潜在的学习伙伴。"互联网+"时代，人们所携带的任何智能终端都将成为"数字第六感"，为人们提供无处不在的，更加具有时效性的移动化学习资源。第六，虚拟仿真化资源。虚拟仿真资源是指利用计算机虚拟仿真技术，设计出来的具有交互性、逼真性、虚幻性、沉浸性等特征的学习资源，在采矿、航空、医学、地质勘探等虚拟实训、仿真实验教学中大有用武之地人们可以使用计算机、智能手机等通信设备在虚拟的网络空间中进行文字、图片、音频或视频的交流。"十三五"期间，虚拟仿真资源的建设与共享将是我国职业教育信息化工作的重点，也将在"互联网+"教育的变革浪潮中发挥至关重要的作用。

（二）学习场合不断拓展

两千多年来，人类的学习从完全依赖于老师的口口相传，到印刷术将教材大量复制，师生初步分离，再到如今的互联网时代，大量的知识无论是在国内还是国外，城市还是乡村，都可以凭借互联网的技术而获取到。传统意义上的校园教学空间，正逐步被互联网带来的学习空间所解构。

1. 传统教学空间的拓展

传统教学空间局限于将学生集中在一间教室里授课，授课人数几十至几百不等，要求师生在时间上必须完全一致。在传统教育中，身处边远山区的孩子要想在家乡听到北京等大城市高级教师上课，只能奢望于这些教师能到边区支教，走进孩子的教室。某一所大学的学生要想学习国外某门课程，通常也只能通过向学校提出做交流生的申请，等申请批准后，方可飞到国外进行交流学习。而互联网教育则不同，对授课教师而言，不用再规定时间、规定地点授课，授课内容也可以像制作电影一样，精挑细选，精益求精，通过大数据分析不断调整、充实、修改教学内容；对学生而言，则完全突破时间和空间制约，可以在自己有空、想学、学习效率高的时候来学习，听课地点可以在家里、自习室里，也可在公共交通工具上，只要一部智能手机便可轻松实现移动学习。在传统大学教育中，学生可供选择的课程空间很小，通常都是分专业进行指向单一的专业化学习。即便是全校选修课程，其选择余地也很有限。而互联网的开放性，让学习者只需注册并通过验证，便可以在本地随意选择高校，甚至跨越国别选择自己感兴趣的、高质量的课程，从而获取全球多种高质量教育资源，但完全不受学校、地界、时间、身份等的限制，传统教学空间被打碎。

3. 智慧校园的兴起

随着互联网技术的爆炸式发展，传统校园时空和物理因素导致的"禁锢"逐渐被打破，传统校园实现了多维化的空间拓展。依托互联网的新兴校园形态——智慧校园正在不断形成。《国家中长期教育改革和发展规划纲要（2010—2020年）》指出："到2020年，基本建成覆盖城乡各级各类学校的教育信息化体系，促进教育内容、教学手段和方法现代化。充分利用优质资源和先进技术，创新运行机制和管理模式，整合现有资源，构建先进、高效、实用的数字化教育基础设施……推进数字化校园建设"。《教育信息化十年发展规划（2011—2020年）》也指出，要制定中小学校和中等职业学校数字校园建设基本标准。采用政府推动、师范引领、重点支持、分步实施的方式，推动中小学校、幼儿园、中等职业学校实现基础设施、教学资源、软件工具、应用能力等信息化建设与应用水平全面提升。利用网络技术，实现丰富的教学资源和智力资源的共享与传播，使每所学校实现教育教学、教育管理和服务信息化，促进教育公平，提高教育质量和效益。随着移动互联网、云计算等技术的发展，很多学校积极响应国家政策，开始探索智慧校园的建设。所谓智慧校园是一种以面向师生个性化服务为理念，通过利用云计算、虚拟化、物联网、移动互联、社会网络等技术，对校园的基础设施、教育内容、教育活动、教育信息等进行数字化改造，改变师生和校园资源相互交互的方式，识别学习者个体特征和学习情景，提供无缝互通的网络通信，有效支持教学过程分析、评价和智能决策的开放教育教学环境与便利舒适的生活环境，从而实现全新的智慧化服务和管理的校园模式。智慧校园是教育发展尤其是校园空间优化升级的"高级形态"，通过网络互联构建虚实融合、信息无缝流通、智能适应的均衡化生态系统，让学校以一种全新的、流动的形态，依据人的需求随时、随地变化，并有机融入人们的日常学习和生活中。智慧校园让校园不再是学校与外界区隔离的边界，而是借助学校信息化工作与学校各项常规工作在机制和机构等层面的融合，信息化平台资源的融合与集约化利用，信息化业务流程与消息数据的融合，以及信息化基于所有校园活动及与外部环境的融合，这四个层面的"深度融合"，使技术与教育深度融合，并促使校园与学习、科研、生活紧密叠加，呈现出校园被信息技术，被师生的学习科研生活所包围的新型时空格局，从而大大延展了学生的学习和生活空间。智慧校园为我们构建了一个更加开放、多维度的学习与科研空间，能支持多模式、跨时空、跨情境的学习科研环境。

4. 虚拟校园的发展

互联网大大拓展了人们的交往空间，创造了"去中心化"的人际交往新模式，以一种现实的生存结构，深刻影响着当代生活世界的建造。随着虚拟现实、增强现实、物联网、普适计算等技术的快速发展，人类的学习环境正在走向虚拟与现实的融合。所谓虚拟校园就是把校园直接建立在网络上，由互联网平台发展而营造出一个不同于现实的校园空间。人们既可以在现实校园空间和社会交往中学习，也可以在虚拟网络空间中获取知识，穿梭在自然、社会和虚拟空间构成的三维世界中。例如，2013 年，一群美国教育家聚在一起创造了一个新的四年制本科大学——密涅瓦计划（The Minerva Project）。密涅瓦的学生在四年里的每个学期都会去到世界上一个不同的城市生活和学习，包括美国旧金山（第一年）、印度孟买、巴西里约热内卢、中国香港、澳大利亚悉尼、英国伦敦和南非开普敦等。他们会以班级为单位住在那个城市，整个城市就是他们的校区。让学生可以更好地融入当地的文化，掌握当地的语言，并充分利用这个城市的社会特点进行实践性的活动。而所有的课程学习都是在虚拟的校园平台上完成的，学生的学习、交流等已经完全脱离了传统校园的时空禁锢。教师和学生通过先进的互联网平台，展开互动式交流，教师及时跟踪学生学习进程，充分评估每个学生的互动反应并及时反馈，大大增强了学生的学习体验。我们国家从 2013 年也开始启动国家级虚拟仿真实验教学中心申报工作，目前全国已有 300 多家实验教学中心成功入选。国家级虚拟仿真实验教学中心的建设，将推动我国优质实验教学资源的开放共享及虚拟校园建设的积极探索。此外，随着移动终端设备的普及，移动教育迅速崛起。移动校园成为虚拟校园的一种新模式。移动校园是指利用先进的硬件平台和产品组，在传统校园的基础上建立的一个数字空间。旨在将环境、资源及应用全部实现数字化，将现实校园的时间和空间维度转移到移动端设备上，最终实现将校园揣在口袋里的目标。移动校园模式的探索，将推动虚拟校园的进一步发展和普及。

二、学习方式的变革

学习方式是指学生在完成学习任务过程中基本的行为、态度、意识、习惯品质和认知的取向。它是学习者持续一贯表现出来的学习策略和学习倾向的总和，是学习者在学习自主性、探究性和合作性等方面的基本特征。"互联网+" 时代的学习空间提供的是一种开放的信息获取渠道，信息散落在网络的各个角落，要获知它并将其转化为知识，往往是通过信息源的主动推送和学习者通过各种方式不断挖掘、探索，理性地使用及理智地判断能满足其学习需求的知识架构。"互联网+" 的世界是虚拟与真实相互交织的世界，它对学习方式的冲击，表现在学习工具、学习环境、学习态度、认知心理等各方面的变化。学习方式的变革趋向于多样化、个性化、主动化、泛在化、创新化，不断由被动式向主动式转变，由传统学习向移动学习、泛在学习转变，同时更加强调个性化的学习，这体现了学习者对海量链接式资源获取、教学术界限突破、推送式知识配置及动手创新的学习诉求。

（一）连接一切的学习

"互联网+" 时代的网络是可以跨越个人计算机（PC）、平板、手机、汽车、手表等各个终端的网络，让人与人、人与物都连接了起来，是多对多的连接与交互。互联网拥有海量的学习资源库，学习资源数量多、质量高，如各种慕课平台、网易公开课、国家精品资源共享课、一师一优课等。丰富的网络学习资源为学习者转变学习方式提供了资源保障，而这些学习资源和知识也散布在整个互联网的各个节点上，等待着学习者与其发生连接。"互联网+"时代的学习者要想拥有更多的知识，对其进行深度建构，就需要以个人终端为中心点，与整个网络的学习资源和知识节点产生信息连接与互动。所有学习过程中对资源的获取、作业的提交、实时与非实时的互动、远程考试等均可以通过网络连接实现，而且学习者主动连接各种学习资源的能力越强越能拓宽连接范围，从而获取更多的知识和信息。

（二）跨界参与的学习

随着教育信息化程度越来越高，终身学习成为人类社会发展的必然要求。互联网为学习者提供了多种教学环境和丰富多样的教学资源。随着互联网技术对多元化教学活动的融合推进，人们可实现跨越不同领域进行跨界式的学习，将正式学习与非正式学习、线上学习和线下面对面授课、课堂教学与信息技术的多维度学习糅合在一起。学生可以使用平板、手机等移动网络设备，在教室、博物馆、家中、路上等校内外一切场所搜集资讯，在线整理分析，并在课堂上进行讨论、分享和展示。这种跨界学习引领学习者得以跨越日常学习、生活和工作的边界，向更丰富的外界环境寻求多元素的混合学习方式。跨界学习将是"互联网+"时代新型学习方式，它打破了传统学科学习的界限，将不同学科学习与技术应用结合起来，实现生动、多元的知识建构，有效提高了对学习资源的利用，让学习者突破学科内部学习，实现了对不同学科之间、课堂学习与在线学习、理论与实践之间的知识整合，以混搭式的学习实现对各类知识的融会贯通，以跨领域、无边界的创造性思维去思考问题，提升学习深度和广度。

（三）创新驱动的学习

信息化社会是一个知识型的社会，科学技术的日新月异，让知识的裂变速度加快，知识半衰期迅速缩短，这意味着人们学到的知识很快就被淘汰，需要重新学习新的知识，不然就会与社会脱节。"互联网+"时代要求学习者突破传统正规学习的常规格局，重视创新型学习，提升创新能力。所谓创新驱动的学习，是指学习者在学习过程中，不再拘泥于知识，不迷信于权威，不再循规蹈矩，而是以已有知识为基础，主动结合实际，独立思考，大胆探索，积极提出自己的新观点、新思想、新思路、新设计、新方法的学习。"互联网+"时代，众创学习将成为创新驱动学习的典型代表。学习者可以利用网络、移动设备、加工工具和可穿戴技术设备，把创新想法创造成制品，在具体学习活动中掌握知识，促进学习的实践活动。众创学习不再局限于物理概念中的教室，而是可以发生在创客空间、科技实验室、虚拟社区等各种空间，让课内外更多的学习者参与技术支持下的动手实践和亲身体验学习活动。2015 年，创客被首次写入我国政府工作报告。众创活动引起教育界对创新教育的极大关注，并衍生出了创客教育，学习者在教师的指导下主动参与具有不同难度的创客学习项目，通过创造性地运用各种技术或非技术手段，对具体的问题进行协作解决，产生新的认知经验，培养创新意识，提高团队协作、问题解决、批判性思维、专业学习等技能。众创学习更重视新一代信息技术对创造力、动手能力和问题解决能力的培养，在学习新内容时伴随身体动作，学生会产生更深层、更持久的记忆痕迹。

（四）个性化定制的学习

无论是传统教育还是"互联网＋教育"，教育的本质都是要让学习者成才，但每个人的特质是不一样的，都是独一无二的个体。传统教育因受时空限制，因材施教很难做到。而"互联网＋"时代，利用大数据统计，则可以做到为学生提供一对一私人定制式的学习，达到提高学习效率和质量的目的。互联网技术支持下的个性化定制学习，是指针对个体学习者特定的学习需求、学习基础、学习风格及文化背景而提供一系列有针对性的教学方法和技术支持服务。个性化学习的目标是为学生提供自主选择合适的学习策略和进度的机会。借助互联网技术和各种应用、数据分析工具，学习者能随时随地获取量身定制的教育资源和个性化教学服务。在定制学习的理念下，自适应教学、潜性评价和基于证据的教学等多种个性化教学方法走进了"互联网＋"时代的教学视野，教师可以应用计算机软件，协助开展适应不同层次的学习者的课堂活动，根据学生的反馈分析教学成效，为学生提供定制的学习网站和资源平台，个性化推送自适应的课程内容和学习建议、智能化任务提醒等各种私人定制的信息，让位于成绩正态分布曲线两侧的学生也得到教师的同等关注和合适的教学指导。学校教育将逐步摆脱大校、大班、统一程序的工厂流水线生成模式，不断改革创新。

（五）碎片与泛在化学习

社会信息技术不断的变革，使得人们的生活和学习方式发生了变化，微博、微信、微电影、微视频、微小说、微学习等的不断涌现，让人们的学习也呈现出碎片化与泛在化的趋势。所谓碎片化学习是相对于学校教育的系统化学习而言的，是指将某一系统知识有意识地分成几个部分，利用零碎的时间进行短平快的一种学习方式。碎片化学习有着更高的灵活度，有更强的针对性和更高的吸收率，也更容易使学习者保持较高的学习注意力和兴趣。而泛在化学习的理念起源于泛在计算技术，旨在构建一种智能的、无所不在的学习环境，使信息可以主动以某种方式呈现给学习者，学习者可以不分时间和地点使用各种终端设备学习，其特点是任何人（anyone），任何时间（anytime），任何地点（anywhere），任何设备（any device）均能自由学习。计算机网络及移动通信技术所构成的数字媒体技术环境，激发了 Web 2.0 时代用户自创内容的热潮，催生了大量碎片化的微型学习内容，也为各种形式的非正式学习提供了有力支持，学习的内涵与外延被扩大、重塑。"互联网＋"

时代，手机、平板、可穿戴设备等各种便捷式终端，为学习者开展随时随地的碎片化和泛在化学习提供了支持。在将来，泛在化学习必将成为实现终身学习的重要方式。

尊重人性是"互联网＋"时代的一个重要特征。"互联网＋"时代正在酝酿一种新的学习生态，其核心定位与归宿正是"以人为本"，促进人的发展。在这种态势下，让学习实现在不同时空、学科领域、种族文化下的连接、共享、包容和创新，将是"互联网＋学习"的新愿景。互联网技术为人们的学习方式带来了变革的思潮和动力，虽然各种新型学习方式的发展依然面临教学理念、技术手段、政策保障等问题的影响，但"互联网＋"时代学习方式朝着个性化、定制化、泛在化方向发展，将更有利于培养学生全球意识，增强学生沟通与合作能力、创造与问题解决能力、自我认识与自我调控能力，让学生学会学习与终身学习，推动学习领域更深层次的变革。

第三节 "互联网＋"时代大学生思想政治学习面临的主要问题

一、信息超载对大学生思想政治学习的影响

互联网时代信息技术日新月异，Web2.0 的开放性、交互性和去中心化等特点，使得各种各样的信息如洪水般涌来，令人应接不暇。21 世纪不是信息缺乏的时代，而是信息超载的时代。所谓信息超载，通常是指个人面对大量分散的信息进行搜集、鉴别、归纳、整理并内化为个人的知识结构体系时，因为信息量巨大，信息处理任务重，个人所接受的具有潜在价值的信息超过其自身的处理能力，导致信息利用率相应降低，对个人造成身心压力状态。我们每个人接受并处理信息的能力是非常有限的，在一定范围内随着信息输入速度的加快和总量的增长，人对信息做出的响应也会相应地加快。但是，当信息输入超过某一临界值时，由于人的信息处理能力的限制，其对信息的响应速度反而会变慢，在一定时间内会出现信息超载现象。

从客观的角度来说，计算机技术和网络技术的飞速发展，互联网作为新的信息媒介形式的兴起，为信息超载的产生奠定了技术的基础。一方面我们看到互联网信息的丰富性为我们解决自身信息需求提供了便利的新途径；另一方面我们也看到由于互联网上信息总量的增加并不总是和信息质量的增加成必然正比，即互联网环境下信息生产、传播、存储和加工呈现密集化、高速化与多样化的发展状态，使得信息发布和传播缺乏有效控制，互联网环境下信息量的绝对值增加相对影响了信息的"含金量"，造成了信息质量的降低。良莠不齐的信息充斥网络空间，既造成了学习者合理利用资源的迷障，同时也是信息超载出现的客观根源。

从主观的角度来说，信息超载本身反映了人们在面对大量信息时的心理感受。人的神

经传递性能和人脑的计算能力是有限的，人脑的遗忘规律使得人们处理信息时因受到众多信息链接的干扰，而很容易遗忘处理信息的初衷，进而降低信息处理效率。面对信息量的激增，在"互联网+"的推动下，大学生连接一切、跨界参与、碎片化与泛在化等学习方式的变革，使得我们太过关注对信息的拥有，要么怕自己拥有信息量太少跟不上时代步伐，要么总是希望能在最短时间内处理所有信息，从而找到自己真正所需的内容。但实际上，我们每个人的内部信息加工能力又是极其有限的，外界的海量信息必然会使人的信息加工出现瓶颈，从而造成系统的超载，因此人的信息加工能力的有限性是信息超载的主观根源。

信息超载已经成为目前乃至将来困扰人们的一个越来越严重的问题。信息超载不禁让人们惊呼：我们身处在信息的海洋中，却总因为缺少知识而饥渴。信息超载对大学生思想政治学习也带来了不可忽视的影响。

（一）信息超载致使信息反客为主，导致大学生信息选择困难

传统的思想政治教育主要通过"灌输式"授课、宣讲、谈心、报纸、广播、电视等大众媒体进行，可控性比较强，信息来源比较固定和单一，失真或误读现象不是很多。互联网信息的"爆炸"趋势，使得良莠不齐、真假难辨的信息包围着每个人。当大学生面对庞大的网络资源库时，就如同一个人置身于茫茫大海，如果没有足够的驾驭能力，便很难把握正确的方向。

信息超载，会导致大学生熟悉信息的时间大大挤压反思的时间，信息会反客为主，产生信息异化的现象。在传统的思想政治教育环境下，大学生所接受的信息较为单一，权威性较高，这非常便于大学生将信息转化为需要的知识，上升为智慧。但互联网的原始信息组织性、有序性相对较弱，碎片化改变了以往成型的知识体系。我们每个人面对大量的信息需要留出足够的时间专门处理信息的归纳、总结和提炼。而知识由于具有隐性特征，更需要进行归纳、总结、提炼等人的心智内化过程，才能被真正理解并被准确运用。因此，很多大学生浏览、获取了大量信息，但却很难找到对自己真正有用的核心信息，一味地追逐新信息，造成接收思想政治教育信息时注意力过度分散，难以对教育信息的关键部分进行有意注意，从而导致思维认识上的无序化，最终沦为信息的奴隶。

"互联网+"连接一切、跨界融合和开放生态的特质，也导致互联网不可避免地出现了大量西方民主浪潮的冲击、"文化帝国主义"的侵蚀、西方社会思潮的干扰，思想道德、价值观念、文化思潮等呈现多元、矛盾态势，这直接削减、弱化了社会主流意识形态在互联网世界的主导力和影响力，使得社会主流文化的权威遭受着挑战。而大学生每天忙于刷微信和微博、看八卦、浏览论坛，并接收大量的垃圾新闻和消息，严重干扰了大学生的价值判断，使其陷入选择的困境，难以有效区分信息真假，这导致大学生认知失调和混乱，且容易受到网上传播的非社会主义核心价值观念和意识形态的影响，使其群体不同程度地出现了主流意识形态的弱化、理想信念的迷失、社会道德意识的缺失、法律意识的淡薄等问题。

（二）信息超载致使认知浅显化，不利于大学生深度思维发展

长时间的信息超载导致大学生阅读心理越来越浮躁，容易患上"注意力缺乏症"。大学生为在有限时间内更大范围触及流行信息的"全景"，往往以快餐式、浏览式，随意跳跃的"浅阅读"来从信息海洋中搜寻和捕捉有用信息。互联网信息以文本、图形、动画、音频、视频等多媒体方式立体、生动地展现，对大学生形成了丰富的感官刺激，也提供了多种选择的余地。信息呈现方式的多样性能提高大学生学习效率，加深大学生对信息的认知、理解和记忆。但也经常让大学生注意到一些与学习无关的内容，尽管这些内容与大学生的兴趣确实相关，但却对学习造成了干扰，极易造成大学生接受思想政治教育信息时过度分心，使其在课堂学习中的内化整合难以深入和深刻。

同时，信息传播的开放性也为大学生提供了一个浩瀚博大的资料库，信息一经发布就能迅速传递到世界海角天涯，大学生只需举"指"之劳，便能快速畅通地获取各种信息，使接收信息变得异常简单、容易、便捷，因此越来越多的大学生也乐于接受这种前所未有的满足感官享受的信息"快餐"。但过大的信息负荷会减少信息选择的时间，增强延迟选择的可能性，甚至使使用者只重视对信息的了解，而放弃对信息的深入理解和选择。对信息反思性选择工作量的减少，必然使大学生的信息接触行为背离人的信息需要，使其对事物的认知长期停留在感官刺激的初级阶段，不能确保思维和行为满足获取信息的目的性和有序性。同时处理多个任务、在不同的信息窗口中不断切换，注意力不断转移，工作效率必会降低，从而使个体潜在的创造力受到抑制。虽然关联主义告诉我们21世纪个体需要某种知识时，"知道在哪里"和"知道谁"比"知道什么"和"知道怎样"更重要，在网络世界里，连接能促使我们学到更多。我们也习惯了利用电脑强大的储存和处理能力来取代人脑进行记忆、剪辑、组织和整理信息。但事实上，人们全神贯注、将注意力长久地倾注于某一件事，才有可能灵感勃发，产生超常的创造力。过度的连接将导致大学生在各类信息间自由跳转，知识泡沫化削弱了对相关信息的熟悉理解程度，且难以将精力聚集在某一特定问题上，从而忘记自己要解决的问题，进而降低了大学生对信息的处理能力，弱化了对原有经验的广泛联想和原有知识点的激活，使得思维趋向平面化、浅显化，直观、单一，不断追求新鲜内容和信息的刺激，而缺乏对信息的编码、储存及深刻、创新的分析、推理和理性思维等复杂的心理认知，从而造成人懒于进行深层次思维，使解决问题的能力弱化。

（三）信息的多样、无序，使得知识权威被打破

在很大程度上，大学生受教育的过程是一个意义赋予的过程，是在新的教育信息和主体已有的知识或经验之间建立实质性和非任意性的联系的过程。一方面，随着年龄的增长，当代大学生的认知主观能动性有了非常大的飞跃，自主意识明显增强；另一方面，在传统思想政治教育工作中，教师既具有理论上的优势，又具有丰富的历史人文社会知识上的优势，可以及时把握社会政治、经济和文化动态，具有绝对的主体掌控地位，是思想政治教

育权威的代表。

在互联网中，信息量激增，知识更新速度加快，其结果是每个人所拥有的信息和知识量只可能占到人类所有信息总量里很小的一部分，并且相互之间差距相对于总体而言可以忽略不计，从而使得思想政治教育者的知识权威难以立足。与此同时，由于互联网所提供的强大的交互功能，信息接收者和发送者的角色可以轻松地易位，这逐渐削弱了思想政治教育信息在传播过程中的垄断。

在互联网世界中，大学生借助网络便捷迅速地寻找和吸收自己需要的信息，高校思想政治教育主体和教育主导者的地位受到了不可避免的"撼动"。大学生和教师变成了相互学习相互促进的平等关系，改变了大学生自身在传统教育中知识信息劣势的格局。大学生从互联网所获取的多样化甚至自相矛盾的信息，使其不断破除外部权威的影响，从而走向自我判断、自我加工所接收的信息。当代大学生不再满足于传统的以简单说教为主的教育方式，其不断尝试着用有限的知识和经验形成自我的内部信息加工，外在的表现就是个体的差异和对简单说教的逆反行为，这无形中对高校思想政治教育工作者的权威性提出了挑战，也加大了教育难度。另外，海量的信息也可能造成大学生无所适从，有时很难找到或根本就找不到合适的人来对自己感兴趣的信息进行"权威的"指导。在基于互联网的学习过程中，我们总是可以轻易地同许多人进行多种方式的交流，但却不一定能得到真正有意义的帮助。形式多样的信息大量地呈现在大学生的视野之内，各种各样的声音和观点同时并存且没有排列的顺序，它们相互之间重复、不相干，甚至于矛盾，学习的结果很可能是所获很多，但却得不到一个"权威"的"答案"。

二、碎片化学习对思想政治教育产生的影响

"碎片化"原意为完整的东西破碎成诸多零碎块，成了诸多碎片，不再完整。互联网的超链接结构打破了传统纸质书本的单一的线性结构，并将知识切割成网状的"碎片"；微博、微信、微课等碎片化媒体形式更加剧了知识的碎片化；现代快节奏的生活也将整段的时间切割成碎片。知识碎片化，成为大学生学习面临的一大挑战。知识碎片化是指我们获得的知识不再完整、系统，而趋于零散、无序和互不关联。这也衍生了大学生的碎片化学习。碎片化学习具有学习时间更可控灵活；分割后的学习内容更易获取；碎片内容的学习时间短更易维持学习注意力和学习兴趣，也更利于碎片时间的利用；知识的吸收率有所提升等优势。碎片化学习也有助于我们摆脱前人的思维定式，更快进入知识创新的轨道，碎片化学习已成为年轻人所推崇的新型学习方式。碎片化的信息与知识往往涉及一些最新的、热点的信息与知识，大多是众多网友自发提供的，尚未经过专家学者的结构化改造和系统化整理，对这些信息与知识的学习和了解有利于人们紧跟时代步伐，追踪领域前沿，也就是关联主义所强调的学习内容的时代性。但随着网络碎片化信息的泛滥，大学生的价值观念在多元文化意识形态的信息中被潜移默化地影响和分割，导致原来的价值认同发生

分散化，大学生思想政治教育碎片化学习的弊端也日益凸显。

（一）挑战思想政治教育历史叙事的表达方式

历史叙事主要是指在思想政治教育中通过对历史人物、事件发生过程进行描述和评价，来展现历史事件发生的前因后果、背景渊源和现实影响，还原历史情境，从而引导学生总结历史经验，分析对当今社会发展的启示。在思想政治教育中，爱国主义教育、爱党和爱社会主义的教育常常会采用这种历史叙事的方式开展教育。通过讲授具有深刻道德教育内涵的故事和人物事迹，向大学生展示具有时间连续性的、较为连贯的背景资料和历史发展脉络，传递具有积极效应、弘扬正能量、符合社会主流价值观的思想，从而引导大学生积极践行道德行为。而碎片化知识则相对而言简单且更容易吸收，但往往以零碎、杂乱、跳跃素材为对象，知识之间的联系被中断，缺少对已发生事情的历史回溯和历史评价，无法形成完整的体系，因而其有时候难以发挥作用，且给人以"好像学到了很多，但又感觉好像什么都没学会"的印象。加之，互联网信息往往用所谓戏说、新说、恶搞等方式对历史进行扭曲以为博人眼球，从而对思想政治教育的历史叙事方式构成挑战。

（二）挑战思想政治教育理性推演的论证方式

理性推演一般是从一个思想、概念或命题推移到另一个思想、概念或命题。其中，论证是推演过程的关键环节，而思想政治教育的论证是以马克思主义理论为指导，结合社会现实和大学生思想道德状况进行的。马克思主义理论作为一个关于人的发展和社会发展的科学，有丰富的内容，需要进行系统的学习。然而，海量的网络信息让大学生逐渐学会利用网络存储能力取代人脑进行记忆、剪辑、组织和整理信息，大量碎片化信息和知识的学习在一定程度上加大了大学生认知负荷与选择难度，也降低了他们对信息的处理能力，弱化了原有知识和新知识之间的连接和关联，使大学生思维平面化、浅显化，且往往过于注重对新鲜内容和信息的追求，而缺乏对信息和知识的深度理性思考，懒于进行深层次思维，造成大学生分析推演能力严重不足，甚至产生认知方面的偏差等不良表现，解决问题的能力弱化。大学生在碎片化时间里接受着各种短暂而混乱无序的信息，跟风围观现象突出，欠缺对信息和知识的消化和体味过程，难以形成有力的论证说明，也缺少独到见解。碎片化学习，也使得教师在课堂上的讲授失去以往的吸引力，对大学生理性推演能力的培养带来了更大的难度和挑战。

（三）挑战思想政治教育对整体分析结论的理解

思想政治教育是一个系统工程，因此只有思想政治理论学习、生活实践、环境熏陶等教育路径共同发挥作用，通过构建"大思政"格局，才能更好产生教育的合力。互联网让搜索式阅读渐成风尚，碎片化信息中大量的虚假、劣质、不完整、不准确的成分产生了信息污染现象，占据了人们有限的时间，屏蔽与淹没了真正有价值的信息与知识。大学生缺乏动态和系统的整体思想，加之实践尚浅，历史背景缺乏，时空定位不明确，难以对系列事件进行全面的分析，对事物内部的相互作用与联系把握不全。因为大学生人手一部手机，特意追求个性的张扬，团队意识淡化，往往对自我和人生发展目标定位不清，尚不能很好地组合自己人生各个阶段发展目标的层次和实现顺序，缺乏个体作为一个社会人，自我发展与社会发展之间辩证关系的深刻认识，未能很好地处理个人与团队、个人与集体、个人与社会的关系，从而使得教育的整体合力未能完全发挥，导致大学生往往对高校整个思想政治教育系统或整个思想政治教育过程无法进行正确认识，对其大局意识与全面思想的养成带来困难。

（四）挑战思想政治教育情感育人的教育效果

情感投入是思想政治教育的催化剂。思想政治教育作为一种情感交流活动，不是思想输出了就一定能够实现掌握群众的目的，而是需要教育者投入一定的情感因素，实现教育者真情付出、受教育者真心感悟的效果。情是思想政治教育叙事必不可少的因素，甚至在某些时候，情是决定性因素。列宁曾说："没有'人的情感'，就从来没有，也不可能有人对真理的追求。"思想政治教育叙事过程中，教育者以情感作支撑，可能激活受教育者的主体需要，使教育者叙说的理顺利融入受教育者的心扉，通过真心关切、真心关爱、真心关怀激发受教育者的积极情感需求。倾注情感投入的思想政治教育会对受教育者产生无形的感召力量，从而实现以情动人、以情感人、以情化人的效果。但情感投入需要教育者在教育过程中带动师生逐步进行情绪的酝酿和铺垫，切忌"直刀直入"，生硬带动，招致学生反感。而碎片化的学习，一方面让学生的学习耐性大大降低，快速、浅显的学习特点，使得学生往往难以对教育信息产生持久、深入的情感投入，加之其情感跳跃较快，会对教师的情感代入产生不耐烦的抵触；另一方面，碎片化加剧了信息超载现象，在增加了学生大脑认知负荷和选择难度的同时，也导致部分学生出现了情感泛滥，直至情感麻木的状态，教师的情感投入已很难打动到学生的内心深处，大大削弱了教育效果。

（五）弱化了大学生对思想政治理论课"第一课堂"和"第二课堂"的兴趣

"互联网+"时代，碎片化、泛在化的学习，让各种超载的信息时时充斥于大学生的学习、生活中，让学生面临巨大的信息选择压力。当代大学生已不再满足于思想政治理论课堂学习的理论灌输，他们思想活跃、接受新事物快、热衷探究问题，系统性的学科知识要点和内容在网络上唾手可得，因此其已对大学生失去了足够的吸引力。很多学生仅为了学分而上课，考前抱佛脚，于是"低头族"玩手机现象屡禁不止。另一方面，当代大学生追求个性化需求，知识面和兴趣点都更广泛多样，主动参与的主体意识也更强烈，而目前高校开展的"第二课堂"的活动载体，很多都是由学校党工、学工等部门组织开展，是一种自上而下的组织方式。面对互联网碎片化的环境，有太多吸引大学生关注的信息和游戏，从而使大学生面对学校活动难以有真正意义上建立"我要参加"的自我教育、自我悦纳和自我管理的心理制度与行为方式，这致使很多学校打造的校园活动无法真正发挥引领大学生思想文化的作用。

第四节 优化"互联网+"时代大学生思想政治学习的思考

信息超载和碎片化学习是大学生思想政治学习中面临的两大挑战。面对日益严重的信息超载问题，大学生虽然无法突破我们自身处理信息能力的极限，但我们仍然可以通过科学组织信息活动避免超载带来的负面影响。而碎片化学习面临的最大难题也不在于互联网信息和知识丝毫没有系统性，而是信息和知识的碎片与碎片之间的联系被过于庞大的超载信息给弱化了，因此，面对以上难题，大学生思想政治学习需要整合与重构。

一、引导学生学会搜索和选择

互联网时代的学习离不开信息的搜索。"搜索是学习的一个环节"。网络搜索最大的好处是获取信息快、收集的信息量大。通过搜索进行学习，可以避免一般泛泛浏览带来的信息缺少针对性的缺点，减少信息超载现象。但由于我们每个人搜索的目的不同，搜索的内容也不一样，建构的知识体系也会不一样。选择是搜索的继续。搜索是依赖工具软件根据某一个或一组关键词进行的，对全部包含这些关键词的网络信息与知识的汇集，这种信息或知识按照发布时间、匹配度或重要性等进行排列。而选择则主要依赖个人洞察力，根据自身的兴趣和需要，在大量信息或知识中挑选出对自己有用的东西。搜索和选择是解决信息超载的关键环节，其中，选择更为重要。面对信息超载，大学生思想政治学习需要以围绕个人需要和问题解决为中心来选择，从而有效避免信息超载的压力。首先，在复杂的信息环境中，思想政治教育者需要引导大学生结合自身兴趣和学习需要，确定重点关注的信息范围，为大学生推荐高品质的学习资源，尽量排除对个人发展和学习无效与低效的信息。引导大学生要在长期的信息活动中缩小无关信息关注范围，重点关注有价值的信息平台。同时，要引导大学生增强自我心理控制能力，不忘信息活动的出发点和目的，提高自身使用信息的主体意识，避免成为信息的奴隶。其次，要引导大学生以问题解决需求为中心，重点关注相关问题的产生、演变、解决方式和最终结果等信息，以发展、全局的眼光看待社会问题，避免受过多"标题党"信息的影响，学会在纷扰的信息浪潮中，以冷静、怀疑的眼光深入挖掘信息来源的权威性和可信度，静默体会、反省、选择、升华对信息世界的理解。

二、引导学生重视个体知识的学习

关联主义认为，学习主要是一个连续的、知识网络形成的过程。我们的学习要不断地通过增删、强化、弱化节点，来重塑、调整以纳入新信息，从而削弱不再有价值的节点，使知识网络呈现时代性，并不断获得优化。人们需要改变对知识的记忆方式，强调连接似乎已成为应对信息超载的最好方式。但同时，我们也要重视每个连接的个体知识的学习，毕竟，信息只有通过人的内部认知加工，转化为个体知识后，才能真正上升为人所具有的智慧。大学生需要根据个人需求和解决问题的需要来建构个体知识体系。这种知识体系不是零散的、片段的、混乱的，而是完整的、系统的、有序的。人类从古到今积累了大量的知识，这些知识既包含应该继承的部分，也包括应该扬弃的部分。人类总体的知识体系不是一成不变的，而是不断变化的。因此，思想政治教育要引导大学生主动摄取对个体知识建构有价值的信息，有意识地将这些信息与自身原有知识体系进行融合连接，避免无意义学习带来的信息超载。

三、引导大学生重视对碎片化知识的整合

大学生通过互联网搜索而来的大多是一些信息和知识碎片，只有通过系统的内部加工整理，才能让碎片化的信息和知识有序化、系统化，成为个人知识体系的有机组成部分。新建构主义提出要重视写作，因为写作能使人思维清晰化、系统化，有助于个人隐性知识的显性化，有利于个人知识的交流与传播，即写作是整理所获取碎片化知识的有效途径。思想政治教育确实需要在组织过程中，适当给大学生一定的作业要求，让大学生能对头脑中碎片化的知识进行梳理、整合，在此基础上，才能引导大学生进行深入分析、判断和思考，从而树立正确的价值观念。

与此同时，在思想政治教育中，教师要重视从整体性思维出发，立足于培养"完整的人"，整合教育内容，帮助大学生整合碎片化知识，引导大学生在理论与实践、过程与方法、情感态度与价值判断等方面得到整体性发展。首先，要从历史与现实的整体性出发，强调历史与现实不可分割，引导大学生利用碎片化学习，了解源远流长的历史文化，在学习实践中汲取宝贵的教育资源。继而引导大学生通过不断挖掘历史知识，学会从历史中总结宝贵经验，总结对待现实和未来的态度，促进大学生历史感的线性思维方式的养成，加深对继承与创新的统一理解。其次，从理论与实践的整体性出发，引导大学生带着在互联网中获取的片面的感性认知和问题，有意识地参与社会实践，在实践中检验、弥补个体知识结构中的缺陷，纠正个体思维认知的偏颇，增强大学生在实践中批判、超越和创造的意识，使大学生在实践中树立科学的世界观、人生观和价值观。再次，从个人与社会的整体性出发，引导大学生充分认识"人是一切社会关系的总和"，个人与社会需要协调发展。最后，引导大学生重视现实生活中的人际交往，加强对大学生团队合作的意识，注重集体精神与大局观念的培养，引导大学生科学处理好个人与集体的关系，将个人发展与社会发展紧密联系在一起，促使大学生养成关注社会、关心国家、关爱他人的全面思想。

第六章 "互联网+"时代高校思想政治理论课的课程变革

"互联网+"时代是信息与知识爆炸的时代，知识越来越具有社会性、创新性、碎片化的特征，人们的学习资源越来越多元化，学习场合从传统校园和教室不断向智慧校园与虚拟校园拓展，人们的学习方式呈现连接一切、跨界参与、创新驱动、个性化定制、碎片化和泛在化学习等特征，思想政治教育的外在环境已发生了重大变化。思想政治理论课是思想政治教育工作的核心载体。高校思想政治工作的成效在很大程度上取决于思想政治理论课水平高不高、效果好不好、阵地牢不牢。高校思想政治理论课必须不断进行改革来适应社会需求，并及时转变教学理念，将互联网思维运用到思想政治理论课教学模式改革和课堂教学中，让互联网与思想政治理论课进行深度融合，创造新的课程形态，从以往"传授知识为主"向"培养学习与应用能力为主"转变，打一场提高思想政治理论课质量和水平的攻坚战，以实际行动推动高校思想政治工作迈上新台阶。

2005年，为贯彻落实《中共中央国务院关于进一步加强和改进大学生思想政治教育的意见》（中发〔2004〕16号）和全国加强与改进大学生思想政治教育工作会议精神，充分发挥高等学校思想政治理论课在大学生思想政治教育中的主渠道作用，教育部在全国推行思想政治理论课"05方案"，从而使思想政治理论课课程和教材建设进一步规范，教师队伍综合素质不断提高，课堂秩序和教学效果明显改善，高校思想政治理论课建设和发展逐步走向"快车道"，为加强和改进大学生思想政治教育，维护高校改革发展稳定大局做出了重要贡献。2015年，中央宣传部、教育部印发的《普通高校思想政治理论课建设体系创新计划》中对思想政治理论课的地位和重要性给予了充分的认识和肯定，并明确指出"思想政治理论课是巩固马克思主义在高校意识形态领域指导地位，坚持社会主义办学方向的重要阵地，是全面贯彻落实党的教育方针，培养中国特色社会主义事业合格建设者和可靠接班人，落实立德树人根本任务的主干渠道，是进行社会主义核心价值观教育、帮助大学生树立正确世界观人生观价值观的核心课程。办好思想政治理论课，事关意识形态工作大局，事关中国特色社会主义事业后继有人，事关实现中华民族伟大复兴的中国梦，因此必须始终摆在突出位置，持之以恒、常抓不懈。"

2016年12月7日至8日，全国高校思想政治工作会议在北京召开，中共中央总书记、国家主席、中央军委主席习近平出席会议并发表重要讲话。他强调，高校思想政治工作关系高校培养什么样的人、如何培养人及为谁培养人这个根本问题。要用好课堂教学这个主渠道，思想政治理论课要坚持在改进中加强，提升思想政治教育亲和力和针对性，满足学生成长发展需求和期待。2017 年 2 月中共中央、国务院印发《关于加强和改进新形势下高校思想政治工作的意见》，进一步强调要办好高校思想政治理论课，充分发挥思想政治理论课的主渠道作用，深入实施高校思想政治理论课建设体系创新计划，完善教材体系，提高教师素质，创新教学方法，增强教学的吸引力、说服力、感染力。综上可见，思想政治理论课是大学生思想政治教育的主渠道，面对"互联网+"的浪潮，高校思想政治理论课必须站在社会主义大学"究竟培养什么样的人"和"为谁培养人"的高度，思考自己的社会责任，运用好"互联网+"的优势，群策群力协同创新，探索更加有效的课程形态和教学模式，充分发挥"互联网+"时代高校思想政治理论课的意识形态功能。

第一节　当前高校思想政治理论课面临的挑战

　　高校思想政治理论课承担着对大学生进行系统的马克思主义理论教育的任务，是对大学生进行思想政治教育的主渠道、主阵地，是帮助大学生树立正确的世界观、人生观和价值观的重要途径，在提高大学生思想政治素质、培养中国特色社会主义事业接班人和建设者等方面起着重要的作用。近年来，随着信息技术的发展，互联网成为大学生日常生活、学习、娱乐不可缺少的重要部分，改变了大学生的学习方式和生活方式。高校思想政治理论课教学面临着大学生价值多元化、知识碎片化、学习功利化等一系列挑战，高校思想政治理论课"抬头率"不高、"配方"陈旧、"工艺"粗糙、"包装"不时尚，导致课程亲和力差等问题，很大程度上制约了高校思想政治教育工作的有效性。

一、多元文化和多元价值观念的冲击，增加了思想政治理论课的教学难度

　　近年来，伴随着我国社会转型过程中传统与现代、本土与外来、正统与非正统等各种价值观念和社会思潮的交融碰撞，多元文化、多元价值观念已成为大学生思想政治教育的重要生态环境。一方面，多元文化为我国文化繁荣和大学生个性丰富与思想解放带来了积极意义；另一方面，利益多元化导致的极端利己主义、拜金主义、享乐主义等价值观念的冲击，削减、弱化了社会主流意识形态的主导力和影响力，使得社会主流文化的权威遭受着挑战。多元的文化生态环境不可避免地引起了人们价值观的碰撞和混乱，为大学生正确价值观的选择带来了困扰，也为大学生思想政治理论课的正面教育提出了考验。在如今社会上各种网络文化、流行文化、快餐文化、嘻哈文化、星座文化、消费文化等的冲击下，我国传统文化正在不断遭受着挤压和解构，使得价值观的不确定性、可变性，以及在当下社会应塑造何种价值观成为全社会关注的焦点。大学生对于新技术、新平台的掌握能力较强，他们接触多元化思潮的途径也越来越广，面对各种文化与思潮，正处于价值观形成重要阶段的大学生，对多元价值观难以做出理性的抉择，进而易出现重个人利益、轻集体利

益，重眼前利益、轻长远利益，重享乐、轻奉献等价值倾向。多元文化生态环境使高校思想政治教育的整体社会和文化氛围日益趋向复杂、多变，大学生价值观念呈现多元化趋势。而高校思想政治理论课具有很强的意识形态性，是巩固马克思主义在高校意识形态领域指导地位，坚持社会主义办学方向的重要阵地，是对大学生进行社会主义核心价值观教育的核心课程。多元文化和大学生价值观的分化，使思想政治理论课话语体系和教师权威受到了前所未有的挑战，思想政治理论课教师既要给学生讲授马克思主义理论的科学性，也要深入研究并讲授各种思潮、文化的由来和实质，才能让大学生在多元文化和价值观念面前明辨是非，因此上好思想政治理论课的难度越来越大。

二、教材和教学偏理论化与社会现实存在的差距，影响了大学生对教学内容的信服度

思想政治理论课是围绕"培养什么样的人、如何培养人以及为谁培养人"的根本问题而展开教学的。目前，全国高校思想政治理论课统一使用《马克思主义理论研究和建设工程重点教材》，教材中的理论抽象、枯燥，对学生缺乏吸引力。在实际教学过程中，一些教师在处理思想政治理论课教材内容时，没能结合新时期学生的认知特点，把教材体系转化为教学体系。有的教师讲授内容过于理论化，注重对现实问题的结论性讲授，而忽视了对现实问题生动、可读的剖析和讲授过程，即与实际联系不够紧密。讲课教条呆板，难以调动大学生积极思维的主动性，很大程度上削弱了大学生的学习兴趣和动力。还有些教师对理论的深层逻辑分析不够，没有将热点问题理论化，没有把问题贯穿在教学中，对现实的理论把握不够客观、全面，理论解析不透彻、不深刻，相应减弱了理论的说服力和现实的感召力，未能带领学生进行理论上的深入思考，使大学生难以实现对马克思主义理论的真知。有些学校将理论教学与实践教学完全分离，或只注重理论教学而忽视实践教学，使理论教学停留在课堂环节中，成为单一的知识传授，没能充分发挥其在实践教学环节中应有的指导作用。加之在考核方式上过于单一，缺少对大学生平时表现及实践教学部分的有效考核，偏重对大学生理论知识掌握的考核，轻视对大学生理想信念、道德修养等知识内化和实际行动方面的考查，客观上使大学生对思想政治理论课的地位产生错误的认识。以上种种，导致思想政治理论课上教师讲的大学生认为不能解决问题而不想听，大学生想听的教师不会讲或者讲不好。这就使思想政治理论课教学难有感染力和吸引力，从而使大学生对教学内容缺乏应有的信服度。

三、学习目的和动机的功利性倾向，导致大学生对思想政治理论课的"实用性"认识不足

高校思想政治理论课进行的是世界观、人生观、价值观的教育，而非实用技能的教育，其"实用性"和"实践性"并非普通专业课中的理论应用于实验或设计，而是马克思主义理论对解决现实问题的指导。这对于那些重实用而轻理论的大学生来说可能是"无用"的。

当代大学生相互之间存在较强的攀比心理，从小在学校、家长的期望和要求下，过于关注学习成绩，缺少对自身心理健康、道德修养等方面的关注。加之当代大学生就业压力增大，竞争意识增强，且由于生活环境的局限，缺少与社会的密切联系，进而对很多社会现象缺乏全面客观的认知，影响其对道德观、价值观，以及人生与社会发展意义的认识。这使得大学生在认识和审视问题时，多会从功利和实用的角度出发，将学习行为的结果与个人的直接利益相联系，过度追求个人需要的满足和享受，甚至部分学生会认为思想政治理论课缺乏实用性，对专业学习和就业没有帮助，思想政治理论课学习可有可无。而面对网络开放的信息海洋，大学生一方面很容易利用其便捷性对思想政治教育进行简单应付，不加以深度思考。在这种情况下，大学生就会对教师的教学内容形成过滤性的吸收和消化，对他们认为有用、刺激的信息进行辨别、选择、记忆和思维，对他们认为无用武之地或实用价值不高的信息要么通过网上的搜索摘抄，简单拼凑作业，要么消极认知，倾向于追求个人利益最大化。具体表现就是学习行为的目的性、功利性明显增强，在接受思想政治教育时比较盲目和排斥，没有重点，对有关思想、政治、道德等的信息认知呈现惰性化，很难将对教育信息的感性认识进行深入思考而上升到理性认识，对理想信念等精神层面的追求认为过于"虚幻"而趋于弱化，并没有将高尚的情操、健全的"三观"、优良的道德品质作为其成功的标准和学习成长的目标，这在一定程度上削弱了思想政治理论课的吸引力和凝聚力。因此，思想政治理论课教师在教学中必须对现实问题进行深入研究，做出理论上的解答，才能更好解决大学生思想上的困惑，体现马克思主义理论的价值和时代性，解决好思想政治理论课的"实用性"问题。

四、内容系统性和学生思维碎片化之间的矛盾，导致大学生学习专注度降低，缺乏耐心

在传统的教育环境中，大学生通常是在教师的引导下开展学习，学习资源比较固定，知识量相对稳定，大学生只需不断巩固和复习即可牢固掌握相关知识，学习注重对知识的系统性和整体掌握。而随着"互联网+"时代移动互联网的极速发展，微博、微信、微电影、微视频、微小说、微学习等的不断涌现，大学生的学习呈现碎片化与泛在化的趋势。网络信息呈现出全方位、零时间隐匿性和去中心化等特点，使大学生信息筛选和学习的难度增大，进而使得其难以从大量的信息中找到对自己真正有用的核心信息，从而造成大学生接收思想政治教育信息时注意力的过度分散和消耗，即难以对教育信息的关键部分进行有意注意，导致思维认识上碎片化、无序化。学习的内涵与外延被扩大、重塑，而大学生对碎片化的知识缺少必要的梳理和整合，难以进行有效的知识关联和整体架构。久而久之，大学生在思想政治理论课上无法专注且深入地学习系统的马克思主义理论知识，学习耐心不足，学习能力逐渐下降，这无形中加大了思想政治理论课的教学难度。

五、移动通信设备的普及吸引了大学生太多的注意，影响了思想政治理论课的"抬头率"

目前，我国网民规模已超过 7 亿人，大学生是互联网运用的主体。通过互联网和智能移动终端，大学生可以非常方便地获得各种信息，更广泛地与人交流，这使学生对教师的依赖性减弱。在课堂只要他们不想听课，就可随时掏出手机翻阅，从而影响了思想政治理论课的"抬头率"。一方面，移动终端的智能化为大学生学习提供了更加便利的平台，但同时也很容易"绑架"大学生的上课时间。对大学生而言，手机已经不仅仅是通信工具，更是人际交往、学习拓展的工具。不少老师对课堂上的"低头一族"调侃道："世界上最遥远的距离，不是生与死，而是我在上课，你却在玩手机。"大学生上课手机不离手，不断刷微博、微信，忽视的不仅仅是授课内容，还浪费了大量上课学习的宝贵时间，更有甚者连授课的教师都不认识。另一方面，移动通信技术的发展，为大学生提供了一个浩瀚博大的文化世界，丰富了大学生的精神生活，但同时也导致了一批"伸手党"的诞生。网络信息的广博性和共享性，使得各种信息一经发布就能迅速传递到世界海角天涯，大学生只需举"指"之劳，便能快速畅通地下载资源，浏览信息，使其接受网络信息变得异常简单、容易、便捷，因此越来越多的大学生也乐于接受这种前所未有的满足感官享受的信息"快餐"。这种快餐式的文化不仅成为大学生文娱活动的主要来源，也被其作为获取现成答案的重要渠道。"只有你想不到的，没有你找不到的。"知识的全网流通，让大学生过于注重对知识的连接，而懒于对知识进行深层次的思维和建构。不愿意主动思考问题，只愿当"伸手党"坐等现成答案，解决问题的能力弱化。

第二节 "互联网+"时代高校思想政治理论课程形态的变化

"互联网+"的兴起为高校思想政治理论课创新带来了契机。对于高校思想政治理论课而言，互联网带给传统思想政治理论课教学的不仅仅是提供一个破除羁绊的工具，更重要的是促进思想政治理论课运用互联网新兴理念和技术，来推进思想政治理论课教学理念的更新和价值反思，创新课程形态，最终提高思想政治理论课教学的实效性。

课程形态是内涵丰富的概念，既有纵向的、历史沿革性的意涵，也有横向的、同时代的特性。相对于课程形态而言，学者历来对课程内容关注相对更多。随着近年来信息技术的发展及其在教育领域的广泛应用，电子课程、网络课程、大规模在线开放课程、微课程等的涌现，让课程逐渐从平面、静态走向立体、动态化发展，人们似乎才开始关注课程形态的信息化变革。然而，课程形态与课程内容是不可分割的整体，任何时期的课程形态都包含相应的课程内容的构成与配比问题。而以什么样的载体来呈现课程内容，以及用什么样的技术手段来实现课程内容的实施，都会以不同的形态展现出来。因此，课程形态并不只是课程的外在存在和表现形式，它关注的不仅仅是课程内容的呈现与供给问题，而是课程内容、课程载体及实施手段的动态组合样态。无论是内容、载体还是实施手段，任何一方的改变，都能够引起课程体系的连锁反应。因此，课程形态关注的是我们要为学生教什么内容，运用什么载体呈现内容，以及用怎样的手段教三方面，其应相互影响、相互制约。

一、课程内容的变化

（一）内容趋向开放性

现代社会的知识更新速度不断加快，互联网包容的海量信息，使得更多及时和前沿性的知识信息可以快速进入课程体系，这极大丰富了课程的资源。相对于传统思想政治教育，"互联网+"环境下，思想政治理论课授课内容已不再受限于教材、课堂，各种网络信息经由手机、平板、电脑等终端纷纷进入师生教学的视野。"互联网+"时代学习者创新驱动的学习方式，让大学生在学习过程中，敢于以自己已有的知识为基础，独立思考，对各种社会现实问题提出富有挑战性的质疑和拷问，从而冲击了思想政治理论课教师的权威性。课程从以往可以"预设"的，逐渐向"生成"课程转变，内容也呈现动态可重组态势，越来越趋向开放性，从而极大拓展了大学生的视野，催生出了大学生更多的新观点、新思想，也激发了大学生的参与热情。

（二）更强调理论性与现实性的融合与转化

"互联网+"使思想政治理论课与大学生实际生活经实现了更多的连接。"互联网+"时代连接一切的影响，使跨界学习的方式打破了传统思想政治理论课学习的界限，学习者可以通过主动连接，获取更为丰富的学习资源，掌握更多的知识和信息。这让思想政治理论课无法回避、无视甚至遮蔽社会现实问题。思想政治理论课不仅要"高大上"，还需要"接地气"，即引导大学生关注社会问题，正确面对腐败、分配不公、生态环境破坏等社会问题，并寻找这些问题产生的原因；其还应与大学生共同探讨就业与择业、人生与发展、人际交往、恋爱等实际问题，并探索解决方法。思想政治理论课的教学内容更加强调突破理论教学的藩篱，促进其理论性与现实性的融合和转化，为大学生解决实际问题提供更具现实意义的生活性知识，从而促进大学生对各类知识的融会贯通和创新思维。

（三）内容呈现"微化"趋势

"互联网+"时代，社会信息技术的不断变革，让微博、微信、微电影、微视频、微小说、微学习等不断涌现，人们的学习呈现碎片化与泛在化趋势。随着移动终端的极速发展，微型课程越来越普遍地进入了大学生的日常生活。思想政治理论课程内容不可避免地要将宏大的理论体系的传授，逐渐转变为"微化""碎片化"传授，从而适应大学生学习方式的碎片与泛在化转变。网络信息的海量与碎片、去中心化的特点，让大学生在接受知识的容量、时效和思维方式上产生变化，即无产生思维跳跃性强，信息碎片化和知识浅表化的结果。大学生学习方式的改变，促使高校思想政治理论课要将整体性、系统性的知识，进行碎片式的"微"处理，以便于支持大学生能随时随地地学习，并将课堂灌输的核心理论与大学生能够感知的日常生活世界相关联。思想政治理论课为了能与不同媒介进行融合，教师需要通过微博、微信等途径及时把握大学生的思想动态并与之互动，因此思想政治教育的理论话语也必将呈现"微化"趋势，并不断向大学生的日常生活领域渗透。

二、课程载体和表现方式的变化

（一）课程媒介多元化

思想政治理论课载体是指在思想政治理论课教学过程中，教育者为实现教学目标，会选择、运用承载一定教学信息的媒介。在人类发展进程中，泥板、贝叶、简牍、纸张等都曾扮演过这种媒介的角色，其承载着相应的教学信息。而这其中，印刷术与造纸术的相互配合，使得纸质媒介的书籍让人们更加容易地获得轻便和易于携带的"课程"。书籍作为课程长期的承载体，一直伴随着现代课程而存在发展。但同时也限制了课程内容的发展，因为并不是所有知识都适用于以书本纸张来记载和传播，很多好的艺术形式、非物质文化遗产等都难以利用书籍来留存。进入 20 世纪，人们开始尝试将电影、广播、电视等技术引入课程领域，利用其承载相关课程内容。但是电子媒介的运用并没有让课程形态发生真正的根本性变革。直到信息技术的介入，以及网络信息媒介的发展，这才使课程形态发生了重大变化，加速了以纸张为载体的课程向以数字存储为载体的转变。

"媒介是人体的延伸"，《理解媒介：论人的延伸》的作者马歇尔·麦克卢汉曾指出"书面媒介影响视觉，使人的感知呈线状结构；视听媒介影响触觉，使人的感知成三维结构；而电子媒介则实现了对人的中枢神经系统功能的拓展，使人从重线性思维、重视觉直观、重专门化分裂切割的状态向思维、感觉和认知的整体性复归。"当前更为先进的网络信息媒介则具有信息交流系统的交互性、信息交流活动的协同性、信息交流的多媒体综合性、信息交流运行的实时性及信息交流范围的广泛性等特点，是对电子媒介优势的进一步延伸与超越。"互联网＋教育"的发展，电子课程、网络课程、立体化课程、云课程、慕课、微课等的不断涌现，使得纸质媒介、电子媒介、网络信息媒介等多种媒介成为课程共同的载体，加速课程改变"纸媒独尊"的传统形态，促使课程逐渐从平面、单维、静态向立体、综合、动态转变，使数字语言成为课程内容新的呈现方式。目前人们已不再满足于教科书、习题集、练习册、实验手册、课文读物、挂图、图册、投影片、录音带、录像等课程表现形式，课程逐渐走向了一种以多元课程载体的形态。建立在云技术（云计算）、智能移动等新技术基础上的新课程，有效扩大了课程容量、拓展了课程资源、丰富了课程功能，并成为人们热衷于规划的课程发展形态。

对于高校思想政治理论课而言，不论是纸质媒介、电子媒介还是网络信息媒介，各种媒介所提供的只是一种课程载体和表现形态，但无论何种载体的拓展，都应承载一定的与教学效果相一致的思想政治理论课教学信息，并被大学生所认同、理解和接受，进而实现教学目标，只有这样各种媒介才能成为有效的思想政治理论课教学载体。

传统的思想政治理论课堂教学主要是以文字和教师讲授为主的平面形态，而网络信息媒介在思想政治理论课的渗透结果为使课堂教学呈现图像、文字、教师讲授相融合的立体形态。与纸质媒介中的文字符号相比，网络信息媒介所呈现的图像符号在表现力、感染力和某些可信度上都优于单纯的文字符号，尤其是网络语言所谓的"有图有视频有真相"，更是强调了网络信息媒介的这一优势，进而使大学生更容易接受教学信息。教师可以利用网络对文字、图片、动画、音频、视频等教学信息进行处理和整合，并借助网络设计和制作动态的教学课件，从而丰富辅助教学资源。这种利用网络信息媒介呈现的课程内容并不是简单地将课程内容从文字版转为电子版，而是运用网络将思想政治理论课的教学内容通过数字化处理，转化为大学生日常生活中更容易感知并易于理解的动态、立体的课程形态，从而有效推动大学生对课程内容的吸收、认知和内化，并促进其主动实践课程内容。

（二）课程语言网络化

语言是人们进行沟通交流的各种表达符号，是人与人交往的主要载体。语言载体是思想政治理论课教学的最基本载体，是教育者与教育对象沟通的主要方式，承担着发出、输送、解释课程内容和信息的重要功能。教育者和教育对象都需要遵循一定的语言规范和规律来交往，沟通思想，表达情感，它决定了思想政治理论课的价值诉求和教学实效。灵活利用语言，是思想政治理论课得到大学生认可，取得实效性的基本条件。

语言作为一种符号系统，本身会随着时空的变化而改变。承载思想政治理论课信息的教学语言也会随着现实社会与时代发展不断改进和完善，即体现时代发展特性，回应社会呼声，使自身的话语体系、话语内容更加符合时代发展的要求。思想政治理论课主要借助语言工具进行理论教育和引导，因为其表达内容的宏大、严肃和极强的逻辑性，教育者掌握的信息霸权，往往使大学生成为被动的可控的信息"接收器"，从而使得思想政治理论课语言较为生硬，不接地气、没有生气、缺乏对大学生的吸引力。而互联网的平等、自由、交互与个性化，让其语言更加开放互动，表达方式更趋于幽默化、个性化。风趣、直白、调侃、诙谐、无厘头的语言更容易在大学生中产生共鸣，也更容易对大学生产生思想意识渗透。网络语言虽然是由一些特殊字句、数字、符号、拼音、英文字母杂糅而成，但其在网络平台的快速传播，其已成为大学生的习惯用法，从而影响他们的话语表达方式的价值观念。在这种情形下，思想政治理论课的语言表达就必须适应大学生语言表达方式的变化，教育者需要放下身段，丢掉高冷语言，学会亲民，站在大学生的立场考虑，理解网络语言，学会恰当使用网络语言。

三、课程实施的变化

（一）课程实施空间拓展

以往思想政治理论课的教学局限在校园和教室内，教师授课受上课时间、地点的约束，师生必须在空间和时间上完全一致，才能实施课程教学。而"互联网＋思想政治教育"的发展突破了传统教学空间的限制，使课程的实施从固定班级的集体授课形态，逐渐向尊重学生自我学习的形态转变。翻转课堂、大规模在线课堂、微课等新的课程实施形式，让教师无须再规定时间和地点授课，学生也可以完全自由安排学习时间和学习方式来学习。一方面，教师教的过程中，可以充分利用互联网丰富的资源，充实课程内容，使教学资源呈现开放状态；另一方面，也能利用网络教学平台，转化课程内容和资源，设计网络教学环节，并不断根据学生反馈进行优化，实现课程内容的快速迭代，让学生的学习行为可以发生在世界的任何位置、任何时间。课程的实施空间从班级、学校逐渐扩展到网络空间，实现学生的泛在化和碎片化学习，跨越学校和班级边界将成为课程实施的常态。

（二）课程注重学习的实践性

高校思想政治理论课承担着对大学生进行系统的马克思主义理论教育的任务，是对大学生进行思想政治教育的主渠道、主阵地，是帮助大学生树立正确的世界观、人生观和价值观的重要途径，同时，也是一门实践性很强的课程，注重大学生对社会主义核心价值观的内化与践行。互联网拓展了思想政治理论课课程资源，丰富了课程载体，也拓展了课程实施空间，但网络虚拟信息也为思想政治理论课教学信息的有效传递带来了考验，减少了学生与老师、学生与学生之间面对面的交流机会，对线下课堂教学带来了影响。因此，思想政治理论课要求教师不仅要在课堂上与学生面对面、点对点沟通交流，还需深入互联网世界，了解互联网话语，参与互联网交流，让课程教学实现线上线下共同发展。一方面，课程更加注重教师利用互联网传递有效的教学内容和信息，捕捉大学生心理动态、思想动态、行为动态，进而优化课程内容，设计更有针对性的线下课堂教学；另一方面，也更加注重学生在互联网世界的思想道德的养成与践行，强调学生在互联网对社会主义核心价值观的践行，引导学生共同建设绿色网络环境，学会在自我教育中进步，在自我服务中成长。

（三）课程趋向开放化

在以往思想政治理论课的课堂教学中，思想政治理论课教师具有较高的权威性，学生与教师之间存在明显的知识量和信息量的差距。而"互联网＋"的发展，则让教师在知识和信息量上的核心竞争力逐渐弱化。在教与学转变的过程中，学生的能动性和主动性愈加凸显。大学生通过微博、微信等各种手段，可以直接加专家的微信、微博，学习他们的思想和观点，使大学生与教师在知识和信息上的距离逐渐缩小。一方面，大学生学习更加自主，借助于互联网获得更为开放丰富的信息和资源；另一方面，教师也需要结合互联网的使用，形成愈加开放而有张力的教学形式，师生对话趋向平等、开放。

（四）课程越来越智能化

"互联网+"时代，随着各种网络教学平台的开发和普遍使用，在线课程的数据化服务让思想政治理论课越来越智能化，为课程实施提供了更多的选择性。网络教学平台搜集的大数据分析能实时准确地记录每一个大学生学习的时间、浏览的教学视频进度、回答的问题、提交的作业等学习状况，精确地反映每个人的知识结构、能力结构、个性倾向和思维特征，从而使实施个性化的思想政治理论课程成为可能。总之，课程变得越来越智能化，越来越具有选择性、针对性，更加适应大学生个性化需求将是思想政治理论课发展的重要方向。

（五）课程运行团队化

"互联网+课程"的发展，促使网络教学平台上的课程建设出现更为精细的社会化分工。一门成熟的网络课程需要教师既有扎实的专业知识、娴熟的演讲技巧，又要有良好的网络运用技术，还要有一定的包装宣传能力，因此，教师单打独斗很难驾驭网络课程的建设，以团队形式建设和运行一门网络课程将成为一种必然趋势。为建设大学生真心喜爱的网络思想政治理论课，不同教师将扮演知识规划、教学设计、视频录制、技术开发、在线辅导、学习服务等不同角色，从课程资源的丰富、教学视频的录制、讨论主题的设计、教学环节的设计、后台数据的监管，以及到课程包装、课程宣传等，都需要团队成员的紧密配合，协同合作，才能有效保障网络课程的顺利有序实施。

第三节　"互联网+"时代思想政治理论课课程设计的原则

课程设计是课程论中的一个基本问题，是将课程基本理念转化为可操作的课程实践活动的一个"桥梁"。课程设计水平不仅能反映课程理论研究的成果，更是制约教育教学质量的重要因素。课程设计的实质是在教育目标的指导下，对课程理念和操作技术进行系统规划，从而将知识经验进行有效选择和重组，使其面向未来社会成员的生存和发展，展现课程的价值和地位。

从宏观层面来说，课程设计是对课程理念、价值取向、课程目的、课程任务等方面的系列设计，一般由国家或由国家委托相关领域专家学者进行具体设计。2015年，中央宣传部、教育部印发的《普通高校思想政治理论课建设体系创新计划》就明确指出：思想政治理论课是巩固马克思主义在高校意识形态领域指导地位，坚持社会主义办学方向的重要阵地，是全面贯彻落实党的教育方针，培养中国特色社会主义事业合格建设者和可靠接班人，落实立德树人根本任务的主干渠道，是进行社会主义核心价值观教育、帮助大学生树立正确世界观人生观价值观的核心课程。这展现了国家对高校思想政治理论课地位和重要性的充分认识。该创新计划还对高校思想政治理论课建设体系创新计划的指导思想、基本原则、建设目标及实施创新计划的主要任务和重点建设内容等进行了具体的制定，从国家层面对创新高校思想政治理论课体系进行了总体宏观的设计。各个高校的思想政治理论课建设都必须遵循该创新计划的精神，在其统领和指导下，结合高校各自实际情况，依据学生学习情况、课堂教学的具体需要等再对课程进行微观层面更为细致的设计。因而从微观层面来说，课程设计更注重技术方面，考虑具体课程的结构、组织形式、内容的选择和操作等问题，其是将宏观层面选择好的价值落实到具体的课程实践中，是切实提高课程实施有效性的关键步骤。

办好高校思想政治理论课，事关意识形态工作大局，事关中国特色社会主义事业后继有人，事关实现中华民族伟大复兴的中国梦。从宏观层面来说，实施高校思想政治理论课建设体系创新计划需要遵循坚持理论与实际相结合，坚持教学与科研相结合，坚持教师讲授与大学生参与相结合，坚持课堂教学与日常教育相结合，坚持思想政治理论课与专业课相结合，坚持校内与校外相结合的基本原则。从微观层面来说，当前高校思想政治理论课课程设计则需要积极应对"互联网+"时代的挑战和机遇，运用互联网思维，更新课程建设理念，借助互联网技术和平台，充分考虑大学生学习方式的特点和变化，完善课程内容，设计更加合理的课程形态，有效推进课程改革。

一、课程设计要"以人为本"

课程是为了培养人和教育人而产生与发展的，培养人是课程的本体功能，一旦离开了这个本体功能，课程便不复存在。因此，帮助大学生健康成长，将其培养成中国特色社会主义事业合格建设者和可靠接班人，是高校思想政治理论课课程设计的根本性目的，"互联网+"时代高校思想政治理论课就是要以能最优化地服务于发展中的大学生作为自身努力的根本方向。首先，要推动思想政治理论课从"关注知识的传授"向"关注学生的发展"转变。课程是教育活动的核心载体，以往的思想政治理论课教学较为注重对学生进行理论知识的灌输，课堂主要采取集中讲授的方式，学生常常处于被动接受教育的地位。而互联网消除了人际交往中地位的差别和界限，使得思想政治教育的师生双方角色虚拟化，教师居高临下的地位被打破。"互联网+"的发展，催生了更多打破传统讲授方式的课程，如慕课、微课、翻转课堂等。课程的设计不仅要考虑知识传授的系统性、整体性和整合性，更要充分考虑大学生的未来发展和终身学习的需要，还要考虑大学生的接受能力、学习方式、生活环境、学习空间等实际情况。课程教学过程的每一个环节都要以大学生为中心，为其创设更为合理、优化的课程学习内容和课程参与环境，将大学生与课程紧密融合，强调锻炼学生的思考、表达、合作学习、自主学习及研究性学习的能力等。在高校思想政治理论课的课程设计中，要充分考虑利用大学生手中的智能设备，促使这些设备成为每一个思想政治教育的终端。在关于思想政治理论课的慕课、微课、翻转课堂的设计和建设中，一方面要试图通过多种媒介"各尽其用、各成其美"，为大学生的学习活动提供更多类型的学习工具和学习手段，从而满足大学生不同层次的学习需求；另一方面，还要设计相关环节对大学生进行网络学习的指导，帮助本身知识水平较低和信息技术水平不高的大学生，使其尽快适应网络学习的要求。课程设计要充分利用网络平台和技术，努力实现线上与线下、网络与课堂、校内与校外等教学场所的有机结合，建立一个包含学生自主学习探索过程的教与学动态互动的机制，从而充分调动大学生的能动性，带动其全程参与课前网络学习—课中研讨互动—课后实践探索的学习过程，进而推动大学生在教师的指导下自觉进行自我塑造和自我教育，最终实现教学目标。

其次，课程设计要加强对大学生情感的关注。情感对大学生的学习成效有较大的影响。积极的情感能提高大学生的学习效率，反之，消极的情感则会降低大学生的学习效率和效果。高校思想政治理论课的情感教育不同于其他课程，具有崇高情感的特点，在其课程内容和方向上都指向对社会主义核心价值观的践行，强调培养大学生对推动中国特色社会主义事业发展，实现中华民族伟大复兴中国梦的使命和责任。因此，在课程设计中，高校思想政治理论课要注重教材体系向教学体系的转换；要将教材中观点鲜明、论证严谨的理论情境向现实情境转换，即将冷冰冰的理论知识转换为有温度、有人情关怀的思想政治课程内容；要善于将教材文本话语向课程教学口头话语转换，即使用通俗易懂、活泼生动的语言体系，用学生听得懂的话语阐释深刻的马克思主义理论。在教学方法上要注重师生情氛围的营造。所谓"感人心者，莫先乎情"。高校思想政治理论课教学要考虑大学生思想认知水平和心理承受能力，面对大学生成长过程中的困惑和认知误区，利用触手可及的案例，进行润物无声的疏导，妥善应对、合理解决和纠正大学生的错误观点，让高校思想政治理论课成为理论知识的解码器，突破理论与大学生实际生活之间的隔阂，增强其对高校思想政治理论课程内容的情感认同。

二、课程设计要具有可实践性

习近平总书记在 2014 年 2 月 24 日中央政治局集体学习时指出：一种价值要真正发挥作用，必须融入社会生活，让人们在实践中感知它、领悟它，在落细、落小、落实上下功夫。思想政治理论课必须要与大学生日常生活紧密联系，才能将课程内容融入大学生实际生活，满足大学生精神需要，适应其成长规律。第一，在课程设计中，思想政治理论课可以采用任务驱动的方式，组织学生结成学习小组。为学生介绍日常生活密切相关的案例，以问题的形式导入课程，引导小组内部进行分工协作，分头查阅相关资料，并及时进行汇总整理。设计相关环节，引导小组成员共同分析、讨论案例，让大学生在团队协作中共同学习、共同成长，增强课程内容的实践性。第二，思想政治理论课可以充分利用网络教学平台，在课堂教学前，以任务的形式让大学生在教学平台上与大家分享课前学习的经历与感悟，促进师生之间、生生之间的相互了解和情感交流。此外，课程也可在网络教学平台上设计相关讨论主题、发布作业和任务，或向大学生推送相关案例视频，并设定完成时间，要求大学生对相关议题发表观点和评论，在完成任务的基础上对其他同学的观点、作业或任务完成情况给予匿名式的评议，从而帮助大学生克服交流恐惧和懒惰，推动其积极勇敢地加入讨论。其还能促进大学生为解决具有挑战性的问题而合作、讨论、共享解决思路，进而拓展学习视野，学会多角度审视问题，并反思自身不足。让思想政治理论课的学习不再满足于学生听，而是让课程成为需要师生共同建设，师生不断参与、不断建构的课程，让大学生全程参与课程的实施，从而更好地激发和维持大学生的学习兴趣。

三、课程设计要具有可生成性

所谓生成，是与现成或预成相对应的，未完成且永远处于生成变化的过程。就像马克思所说："世界从本质上是某种从混沌中产生的东西，是某种东西发展起来的东西、某种逐渐生成的东西。"世界上的一切都是在创造中产生的，人也是在不断的创造中实现自我完善和自我超越的。课程学习本身就是一个具有生命力的，不断发展衍生的过程，是一个充满不确定性和多种可能的过程。因此，生成是人与课程的根本存在状态和方式。思想政治理论课的课程设计要充分考虑课程的生成性。"互联网＋"行动的推进，让互联网平等、开放、连接一切的思维介入思想政治理论课的建设中，让生成课程成为培养具有创新意识和创造能力的人的重要寄托。思想政治理论课的生成性要从课程知识的生成性、学生学习过程的生成性、师生互动的生成性等方面进行设计。第一，思想政治理论课课程知识不是静态封闭、提前"预设"好的，而是在课程实施过程中师生共同参与生成的，具有过程性、参与性、开放性和进化特征的知识。课程知识是学生在课程实施过程中发挥主观能动性，通过搜集材料、讨论、交流、提出问题、发表评论、参与实践等途径，不断产生过程性信息的知识，而非学生单一被动接受的知识。学生在过程性信息的生成过程中，对课程知识并不是不偏不倚地全盘接受，而是立足于自身的价值观念和文化基础之上，积极地将课程知识内化为自身经验的过程，是学生主动探索、创新的过程，也是学生融入自己的思想观念，与教材内容、教师、同学开展对话交流，进行全维度融合，促成知识内化与外化相统一，不断生成动态知识的过程。第二，学生对课程知识的吸收不是被动接受单向灌输和教育的过程，而是主动建构生成知识经验的过程。"互联网＋"时代，由于整个课程实施过程始终处于开放的信息环境中，学生对预设好的结论性知识的掌握已不再是最终的学习目的。学习并非是被动接纳知识和信息，而是主动建构自身对知识的理解、分辨、选择，最终生成自己的认知、结论和经验的过程。因此，在"互联网＋"时代的思想政治理论课教学中，学生的道德养成始终处于一种无法完全预设的动态生成过程。这样的动态生成的过程，恰恰是更好地推动学生主动学习、学会学习、终身学习的重要渠道。第三，思想政治理论课还要注重师生在教学过程中的主动性与能动性。课程建设的最终目的不是为了课程本身，而是为了促进人的发展，教师和学生才是课程真正的主宰者。课程设计要符合教师与学生的生活实际，要便于师生将课程内容与自身生活经验进行连接，从而促进师生对课程知识的吸收消化。另外，课程是由教师和学生共同缔造的，不是预先设计好的固定发展路径，师生基于自身的理解而产生的新知识、新体验和情感态度、价值观等都是生成性课程资源，是课程生成的潜在开发者。

四、课程设计要注重课程整体性与碎片化和泛在化学习的统一

随着移动互联网技术对人们生活、工作和学习的渗透性影响逐渐加大，各种学习资源越来越呈现开放和碎片化态势，"互联网+"时代的课程设计已无法回避学习资源碎片化给大学生学习方式带来的影响。将课程内容碎片化处理将更有利于大学生灵活、更加针对性地吸收课程内容，以便保持大学生较高的学习注意力和兴趣。而为大学生学习提供一个无所不在的泛在化学习环境，使大学生可以随时随地地学习，随时随地地生成课程，丰富课程资源成为当前课程设计的一大挑战。思想政治理论课需要适应移动互联网技术的发展趋势，设计更好的学习资源和学习环境，支持大学生碎片化学习和泛在化学习，同时也要注重对碎片化和泛在化学习的有效整合。第一，思想政治理论课需要在碎片化学习的视角下，设计相应的微课程，满足当前大学生学习需求。所谓微课程仍属于课程范畴，因此具有课程属性，包含课程设计、课程开发、课程实施、课程评价等内容。在课程设计过程中，还要兼顾教学内容、教学服务、教学互动等方面的协调一致。在设计上，除了要利用图片、图像等元素动态呈现教学文本的内涵，以便大学生准确掌握具体课程内容外，还要注重创设问题情景以吸引大学生的注意力，注重大学生对课程情节的体验以促进大学生对知识的理解与吸收，并要注重激发大学生的启发以引导大学生按照学习进程进行深入思考。思想政治理论课要注重将中国特色社会主义这一宏大的理论体系进行专题式转化和"微处理"，使其内容聚焦，时间短，突出核心知识，侧重以问题为导向，引导大学生聚焦现实探讨解决问题的方案。在微课程的表现形式上，要与大学生日常生活进行融合，选取源于大学生日常生活的素材丰富思想政治理论课的生活语言，运用互联网整合课程信息传播网络，并推动高校思想政治理论课教师通过微信、微博、QQ等不断跟进课程实施，丰富课程资源，满足大学生泛在化学习需求。第二，思想政治理论课的微课程设计还要体现课程的有序性和整合性，以帮助大学生获得学习的整体性和系统性思维。碎片化的知识都是有连接点的，可以用无数的方式加以组织、联通、结合和再造。微课程不仅仅是对课程内容的"微化"处理，也可以支持完整的课程结构、完整的教学流程和完整的教学活动。一方面，每一节微课程设计都要在第一时间抓住大学生的兴趣并唤醒先前的知识，通过微课程回顾旧知识的设计将很好地把不同微课程关联起来，帮助大学生建构稳固的知识体系。同时，每一个微课程的内容设计都要注重历史与现实的整体性、理论与实践的整体性、人与社会的整体

性,有意识地引导大学生将碎片化的内容放在历史发展的脉络和社会整体环境中进行审视,培养其整体意识。另一方面,微课程也可以利用移动智能终端、网络教学平台和软件支持系统,通过对学习活动的有效设计,建设泛在的学习环境,呈现有步骤、有计划的完整的教学过程。软件支持系统可以为大学生泛在学习提供基本的支持工具;网络教学平台可以通过优化学习管理系统,为大学生提供必要的论坛空间、各种媒体资源、及时的评价反馈,以及基于大数据的大学生学习分析和学习指导等,为大学生个性化学习提供一系列的学习服务,支持大学生利用智能终端开展泛在化学习。同时,思想政治理论课可以充分利用网络教学平台按照教学的逻辑思维,有步骤地合理安排不同的教学活动,从而有效促进大学生对课程内容的深入认知和加工掌握,为大学生架构一个由不同微课程共同构建的完整的教学过程,帮助大学生对碎片化的知识和信息进行有效整合,引导其在理论与实践、过程与方法、情感态度与价值判断等方面得到整体性发展。

五、课程设计要强化"教与学"的交互

思想政治理论课要坚持在改进中加强,提升亲和力和针对性,满足大学生成长发展需求和期待,这就必须加强师生之间对话交流活动的设计,强化师生之间"教与学"的交互,提高课程的实效性。思想政治理论课教师要熟悉线上线下实现对话的途径,采用相关学习材料增强对话的有效性,缩短师生交互的距离。在互联网教学环境下,思想政治理论课"教"与"学"的边界逐渐模糊化,自上而下单向教育的模式被打破,平等交互成为新型师生交互模式。课程设计要善于利用互联网构建师生之间主导、主动作用的良性互动,以更好发挥教师的主导作用和学生的主动性。互联网为"教"与"学"的互动提供了优良的条件和技术支持,思想政治理论课要设置多渠道对话途径以实现师生之间、生生之间的良好对话交流。一方面,教师要根据大学生需求、能力、个性和心理特征等因素,设置适度的线上线下课程师生对话,进一步优化疑问、对话、合作等互动形式。并在"教"与"学"的互动中,实时掌握大学生的学习状况和掌握程度,及时调整方法,使师生对话保持适度和恰当的状态,深化思想政治理论课线上线下教学互动的广度、深度和延展度,促进"教"与"学"两者之间的互动渗透和相互促进,使教师能更加有效地关注大学生学习动态,也让大学生在平等交互的教学形态中感受教育的现实指向,进而更容易结合自身实际情况和成长目标进行学习。另一方面,思想政治理论课也要善于利用互联网平台,通过大学生手中的移动终端,发挥QQ、微信等平台的传播效果,设定与课程内容相关的问题、答疑等,从不同层面向大学生推送学习内容,扩展课程资源。师生之间可以运用图片、文字、声音、视频等多媒体传播形式进行实时沟通互动,进一步加强"教与学"的交互。此外,在课程设计中,还要为大学生的自主学习提供必要的机会。师生之间"教与学"的交互可以缩短师生之间的距离,提高学习积极性,但并非这种距离越小越好。距离太近,会让大学生的学习自主性下降,学习所承担的责任和具

备的能力都会受到限制。因此，课程设计还要注重师生之间交互距离的合理控制。

六、课程设计要合理运用技术

课程是学校育人的核心中介，随着人类信息技术的发展，课程也必将不断地加以改造和革新。但无论在课程中纳入多少崭新的技术要素，说到底，技术都是为人服务的，任何技术都不能颠覆或遮蔽人的根本性地位。因此，课程设计也必须紧紧围绕育人这一根本出发点，统筹思考技术规律和技术理路，才能实现课程的信息化与人的发展之间的良性互动。"互联网+"时代，思想政治理论课必须加强技术与课程的深层次耦合，才能使技术更好地服务于课程目标的达成。第一，"互联网+"行动的推进，并不是要在课程设计中实行对技术的绝对推崇，其最终目标依然是要通过技术促进大学生的发展和完善。"互联网+"时代多种技术媒介可以让课程内容呈现立体、鲜活、动态的形态，也能使大学生的学习活动获得更多的学习工具、学习手段和学习平台。与此同时，信息技术的发展也让大学生的学习打破了时空的限制，从而有利于满足大学生的个性化学习需求。可以说，技术为课程带来了海量资源，为课程活动开辟了更加广阔的空间，也唤起了师生感官之间的配合与协作。但是，技术与课程质量优化之间并不具有必然的因果关系。人们在新的技术面前，总是容易过高估计它的短期潜在影响，而夸大技术的预期效益。对课程而言，无论是何种技术的引入，它所提供的都只是一种课程改进的可能性和方式。它能给教学方式、教学模式及教学理念等带来变化，即通过一系列先进的科技理念及技术方法，有助于实现思想政治理论课程教学的终极价值追求。但无论技术如何改进，都丝毫不能掩盖思想政治理论课"树人"的目的。在思想政治理论课教学中，现代技术的应用不是单纯为了增强课程的技术存在感，而是为了帮助大学生更好地掌握课程内容，如果过于强化技术则会让并非重点的技术及其表现力分散或削弱需要强化的课程内容，进而违背利用技术推动课程目标实现的初衷。因此，思想政治理论课的课程设计不能单以技术为论，还是要综合考虑各种技术在课程实施中的有效性，合理选择恰当的技术手段改进教学方法。第二，"互联网+"时代，思想政治理论课要合理利用现代教学技术手段和传统教学方法。"互联网+"不是对传统教育的全盘否定和彻底抛弃，而是对传统教育和现代信息技术的深入融合，以促进教育的升级转型。在思想政治理论课教学中，现代技术的应用要和传统教学方法统筹结合，协调使用。事实上，网上丰富的课程资源并不能完全替代课堂教学，思想政治理论课不仅需要进行理论讲解和知识传授，还包含情感教育的内容，即需要教师与大学生面对面地进行交流和对话，"晓之以理，动之以情"，才能达到释疑解惑、坚定信念、传递正能量的效果。因此，思想政治理论课不能简单地利用信息技术将线下课程内容信息化和数据化，也不能与传统教学完全对立。课程设计需要在传统教学方法的基础上，结合大学生实际和社会发展状况，使用技术优化课程资源配置，坚持通过网络技术手段和课堂常规教学手段的有效互补来提高课程实施的实效性。

参考文献

[1] 陈万柏，张耀灿. 思想政治教育学原理 [M]. 3 版. 北京：高等教育出版社，2015.

[2] 陈万柏. 思想政治教育学原理 [M]. 北京：中国人民大学出版社，2013.

[3] 陈秉公. 思想政治教育学原理 [M]. 沈阳：辽宁人民出版社，2001.

[4] 张耀灿. 思想政治教育学前沿 [M]. 北京：人民出版社，2006.

[5] 张耀灿，郑永廷，吴潜涛，等. 现代思想政治教育学 [M]. 北京：人民出版社，2006.

[6] 冯刚，郑永廷. 思想政治教育学科 30 年发展研究报告 [M]. 北京：光明日报出版社，2014.

[7] 郑永廷. 思想政治教育方法论 [M]. 北京：高等教育出版社，2010.

[8] 冯刚，沈壮海. 中国大学生思想政治教育发展报告 2013[M]. 北京：北京师范大学出版社，2013.

[9] 国家教委思想政治工作司. 思想政治教育方法论 [M]. 北京：高等教育出版社，1992.

[10] 张澍军. 思想政治教育理论前沿论略 [M]. 北京：人民出版社，2015.

[11] 王学俭，刘强. 新媒体与高校思想政治教育 [M]. 北京：人民出版社，2012.

[12] 宋元林. 网络思想政治教育 [M]. 北京：人民出版社，2012.

[13] 张再兴. 网络思想政治教育研究 [M]. 北京：经济科学出版社，2009.

[14] 徐建军. 大学生网络思想政治教育理论与方法 [M]. 北京：人民出版社，2010.

[15] 徐建军. 新形势下构建高校网络德育系统的研究与实践 [M]. 长沙：中南大学出版社，2003.

[16] 刘献君. 高等学校个性化教育探索 [J]. 高等教育研究，2011（3）.

[17] 吴刚. 大数据时代的个性化教育：策略与实践 [J]. 南京社会科学，2015（7）.

[18] 张晓明，段惠方. 高校个性化思想政治教育的网络路径探索 [J]. 江苏高教，2013（2）.

[19] 王卫军，杨薇薇，邓茜，等. 在线课程设计的原则与理念思考 [J]. 现代远距离教育，2016（5）.